REZEPTE! REZEPTE!! REZEPTE!!!

Sabine Kieslich (Hrsg.)

Feta, Mozzarella & Co.

FALKEN

Inhalt

Tips zu den Rezepten

Die Portionsangaben
Sofern nicht anders angegeben, sind alle Rezepte für 4 Personen berechnet.

Die Zubereitungszeiten
Sie beinhalten sowohl die Vorbereitungszeit als auch die Gar- und Backzeit. Eventuelle Sonderzeiten, z. B. für das Gehen, Quellen oder Ruhen, sind gesondert aufgeführt.

Die Kalorienangaben
Sie beziehen sich in der Regel auf 1 Portion bzw. 1 Stück (z. B. bei Kuchen und Gebäck).

Die Backofentemperaturen
Sie beziehen sich auf einen Elektroofen mit Ober- und Unterhitze. Wenn Sie mit Umluft arbeiten, reduzieren Sie die Temperaturen um 20 %. Die Backzeit bleibt dann in etwa gleich.

Die Zutatenmengen
Sie beziehen sich auf die ungeputzte Rohware. Sind Stückzahlen angegeben, wird von einem Stück mittlerer Größe ausgegangen.

Die Abkürzungen

TL	= Teelöffel
EL	= Eßlöffel
Msp.	= Messerspitze
Pr.	= Prise
P.	= Päckchen
TK-…	= Tiefkühl-…
F.i.Tr.	= Fett in der Trockenmasse
kcal	= Kilokalorien
Min.	= Minute(n)
Std.	= Stunde(n)
ø	= Durchmesser

Wissenswertes über Käse

Wie wurde der Käse „erfunden"?

Es ist nicht bekannt, wo und wann zum ersten Mal in vorgeschichtlicher Zeit Käse hergestellt wurde. Heute gibt es weltweit etwa 4000 Käsesorten, allein etwa 600 davon in Deutschland. Die „Erfindung" des Käses beruht im wesentlichen auf drei grundlegenden Entdeckungen: Milch, Milchsäurebakterien und Lab.

Die *Milch* steht am Anfang jeder Käseproduktion. Sie wird vom Menschen seit über zehntausend Jahren als Nahrungsmittel genutzt. Unter dem Einfluß von *Milchsäurebakterien* fängt aufbewahrte Milch an, dick zu werden. Je wärmer die nähere Umgebung ist, desto schneller vollzieht sich dieser Prozeß. Wenn die geronnene Milch stehen bleibt, setzt sich Flüssigkeit ab und die Masse wird fester. Diesen Prozeß lernte man schon bald zu fördern, indem man gestockte Milch z. B. in geflochtene Körbe ablaufen ließ.

Das *Lab* aus dem Magen von Kälbern oder anderen jungen Säugetieren wird wegen seiner gerinnenden Wirkung zum Dicklegen der Milch verwendet.

Vielfältig und sortenreich

Käse wird vorwiegend aus Kuhmilch hergestellt, seltener aus Schafs- oder Ziegenmilch, oder gar aus der Milch von Kamelen und Pferden, Rentieren, Wasserbüffeln oder Yaks.

Die einzelnen Sorten unterscheiden sich durch die Art der verwendeten Milch, durch die Beschaffenheit der Schimmelpilzkulturen, die Reifung und die Konsistenz.

Feta, Mozzarella und Co.

Feta

Der ursprünglich aus Griechenland stammende, schon im Altertum bekannte *Feta* gehört zur Gruppe der Lakekäse. Diese werden auf dem Balkan und im östlichen Mittelmeerraum zumeist aus Schafsmilch hergestellt und reifen in einer Salzlake von 4 bis 10 % heran.

Heute unterscheidet man drei Fetaarten:

- *Feta* aus Schafsmilch, der allenfalls mit etwas Ziegen- oder Kuhmilch vermischt wurde;
- auf traditionelle Weise hergestellte *Feta-artige* Käse aus Kuhmilch;
- *Käse mit dem Namen Feta*, die mit modernen Verfahren produziert werden, in Zusammensetzung und Teigstruktur aber vom herkömmlichen Feta abweichen und eigene Käsearten darstellen.

Original-Feta ist weich, aber schnittfest und ohne Rinde. Im Gegensatz zum gelblichen Kuhmilchfeta ist er weißlich gefärbt. Feta besitzt ein leicht säuerliches, salziges und oft pikantes Aroma und läßt sich luftdicht verpackt im Kühlschrank einige Wochen aufbewahren.

In Griechenland wird Feta weitgehend aus Schafs- oder Ziegenmilch, jedoch auch immer häufiger aus Kuhmilch produziert. Nach dem

Originalrezept der griechischen Hirten ließ man in Ledersäcken aufbewahrte Milch gerinnen, erhitzte sie dann über dem Feuer, salzte den sich abscheidenden Bruch (dicke, geronnene Milch) und gab ihn in perforierte Formen. Der Käse wurde 24 Stunden gepreßt, in Scheiben (griechisch: feta) geschnitten und in mit Salzlake gefüllte Holzfässer gelegt.

Mozzarella

Die italienische Käsespezialität *Mozzarella* gehört zur Gruppe der Brühkäse. Die gebrühten Knetkäse Italiens werden als *formaggi a pasta filata* bezeichnet, was „Käse mit gezogenem Teig" bedeutet. Bei der Herstellung wird der gesäuerte und zusammengewachsene Bruch zerkleinert, mit heißem Wasser oder Molke nochmals „gebrüht" und so lange geknetet, bis die Masse sich zu langen Fäden ziehen und in beliebige Formen kneten läßt. Neben dem Mozzarella sind der Provolone und Caciocavallo berühmte Vertreter dieser Gruppe. Die charakteristische Struktur des Teigs ist typisch für diese Käseart, deren Vertreter je nach Herstellung und Alter frisch und ungereift, weich bis fest, gereift und fest bis hart, geräuchert oder ungeräuchert, mit mildem oder pikantem Aroma, in verschiedensten Formen und Größen angeboten werden.

Blau- oder Edelschimmelkäse

Blau- oder Edelschimmelkäse gehören zu der Gruppe der Weichkäse. Sie haben einen cremigen bis festen Teig und meist keine oder nur sehr dünne Rinde. Der Käse ist von bläulichen Schimmeladern durchzogen. Diese werden bei der Reifung dadurch erzielt, indem man Teig „pikiert", d. h. mit Nadeln durchsticht. Auf diese Weise kann durch die entstehenden Kanäle Sauerstoff eindringen, den die Schimmelpilze für ein gleichmäßiges Wachstum benötigen. In Deutschland besonders beliebte Vertreter dieser Gruppe sind der französische *Roquefort* und der italienische *Gorgonzola*.

Der Gorgonzola, einer der berühmtesten Käse der Welt, kommt aus der kleinen lombardischen Ortschaft Gorgonzola nördlich von Mailand. Er wird aus Kuhmilch hergestellt und besitzt eine natürlich graue Rinde. Sein Fettgehalt beträgt ca. 48 % Fett i. Tr.

Sein französischer Verwandter, der Roquefort, wird hingegen aus Schafsmilch gewonnen. Er reift in den mehrstöckigen Höhlen des Bergmassivs Combalou von Roquefort heran.

Ricotta

Der italienische Frischkäse Ricotta wird hauptsächlich aus Ziegen- oder Schafmilch gewonnen. Eigentlich ist Ricotta eher Quark als Käse im eigentlichen Sinne, denn die Masse ist der Quark aus Kuh- oder Schafsmolke, die nochmals aufgekocht wird. Das italienische Wort *ricotta* bedeutet ja auch „nochmals gekocht". Ricotta ist ein körniger, geschmeidiger, säuerlich-milder Weißkäse mit einem Fettgehalt von ca. 30 % und einem Eiweißgehalt von 18 %. Wie alle Frischkäse sollte er nach dem Einkauf rasch verzehrt werden.

Käse – vielfältig verwendbar

Käse ist köstlich und gesund. Mit Käse können Sie Salate verfeinern, Nudel- und Gemüsegerichte krönen oder Fisch und Fleisch zu kulinarischen Erlebnissen verzaubern. Damit nicht genug: Er ist auch delikater Belag für pikante Kuchen.

Bunter Birnensalat mit Roquefort

pikant-fruchtig

- *Für 4 Personen*
- *Zubereitung: ca. 40 Min.*
- *ca. 240 kcal je Portion*
- *Dazu paßt warmes Knoblauchbaguette*

ZUTATEN

250 g Karotten
200 g schwarzer Winterrettich
1/2 Bund Schnittlauch
5 El Obstessig
Salz
weißer Pfeffer
4 EL Öl
1/2 kleiner Kopf Endiviensalat
500 g Birnen
100 g Roquefort

1. Die Karotten und den Rettich putzen, schälen und waschen. Den Rettich in dünne Scheiben hobeln. Die Karotten mit einem Schäler in lange dünne Scheiben schneiden. Die Rettich- und Karottenscheiben in eine Schüssel geben. Den Schnittlauch verlesen, waschen und in feine Röllchen schneiden.

2. Für die Sauce Schnittlauchröllchen, Essig, Salz und Pfeffer miteinander verrühren. Das Öl darunterschlagen und die Sauce über die Karotten- und Rettichscheiben geben. Alles miteinander vermengen und kurz durchziehen lassen.

3. Inzwischen den Endiviensalat putzen, waschen, abtropfen lassen und mundgerecht zerkleinern. Die Birnen waschen und trockentupfen. Sie vierteln, von den Kerngehäusen befreien und in dünne Spalten schneiden.

4. Die Birnen und den Endiviensalat unter den marinierten Karotten-Rettich-Salat mischen und das Ganze in einer Salatschüssel anrichten. Zum Schluß den Roquefort würfeln und über den Salat streuen.

Römersalat mit Mozzarella

knackig

- *Für 4 Personen*
- *Zubereitung: ca. 30 Min.*
- *ca. 320 kcal je Portion*
- *Dazu paßt frisches Bauernbrot*

ZUTATEN

1 Kopf Römersalat
3 rote Zwiebeln
1 mittelgroße Tomate
3 Zweige Salbei
4 TL Balsamicoessig
Salz
schwarzer Pfeffer
Zucker
4 EL Öl
8 Scheiben Parmaschinken
200 g Mozzarella
bunter Pfeffer

1. Den Salat putzen, waschen, abtropfen lassen und mundgerecht zerkleinern. Die Zwiebeln schälen. 2 Zwiebeln in Ringe schneiden, die dritte Zwiebel würfeln. Die Tomate waschen, vierteln, putzen, entkernen und würfeln. Den Salbei verlesen und waschen. 8 Blätter beiseite legen, die restlichen in Streifen schneiden. Den Ofen auf 240 °C mit Grillstufe vorheizen.

2. Essig, Salz, Pfeffer und 1 Prise Zucker miteinander verrühren und das Öl darunterschlagen. Die Tomaten- und die Zwiebelwürfel sowie die Salbeistreifen in die Sauce geben und alles verrühren.

3. Den Römersalat zusammen mit den Zwiebelringen und den Schinkenscheiben auf 4 Tellern anrichten.

4. Den Mozzarella in 8 Scheiben schneiden, diese jeweils mit 1 Salbeiblatt belegen. Ein Backblech mit Backpapier auslegen und die Käsescheiben darauf legen. Sie unter dem heißen Grill des Ofens etwa 5 Minuten überbacken.

5. Je 2 Mozzarellascheiben auf die Salatteller geben und mit Sauce begießen. Zuletzt alles mit grob gemahlenem bunten Pfeffer bestreuen.

Tomaten mit Mozzarella

frisch

- *Für 4 Personen*
- *Zubereitung: ca. 15 Min.*
- *ca. 230 kcal je Portion*
- *Dazu paßt frisches Schwarzbrot*

ZUTATEN

600 g feste Tomaten
200 g Mozzarella
schwarzer Pfeffer
3 TL Weißweinessig
Salz
3 EL kaltgepreßtes Olivenöl
1 Bund Basilikum

1. Die Tomaten waschen, vierteln und von den Stielansätzen befreien. Sie in dünne Scheiben schneiden. Den Mozzarella abtropfen lassen und ebenfalls in Scheiben schneiden.

2. Die Mozzarella- und die Tomatenscheiben kreisförmig so auf 4 Salattellern anrichten, daß sie sich leicht überlappen. Das Ganze mit reichlich Pfeffer aus der Mühle bestreuen.

3. Den Weißweinessig zusammen mit etwas Salz verrühren und das Ganze über die Tomaten- und Käsescheiben träufeln. Anschließend das Olivenöl darübergeben.

4. Basilikum waschen und trockentupfen. Die Blätter von den Stielen zupfen und auf dem Salat verteilen.

TIP

- ***Wenn Sie die Tomaten mit Mozzarella etwas würziger bevorzugen, so beträufeln Sie das Ganze zusätzlich mit 1 Schuß Balsamicoessig.***

TOMATEN

Oft verspricht das appetitanregende Äußere der Tomate mehr als ihr Geschmack halten kann. Trotz des ganzjährigen Angebots sollten Sie die Sommerfrüchte bevorzugen, die im Freiland geerntet werden. Sie enthalten durch verstärkte Lichteinwirkung mehr Zucker und Fruchtsäuren und schmecken daher wesentlich besser als Treibhausfrüchte. Tomaten sollten wegen ihrer Kälteempfindlichkeit nicht im Kühlschrank aufbewahrt werden.

Feldsalat mit Feigen

ausgefallen

- *Für 4 Personen*
- *Zubereitung: ca. 30 Min.*
- *ca. 280 kcal je Portion*
- *Dazu paßt kräftiges Nußbrot*

ZUTATEN

200 g Feldsalat
250 g frische Feigen
200 g Mozzarella
1/4 l halbtrockener Weißwein
2-3 EL Essigessenz (25 %)
Salz
schwarzer Pfeffer
1-2 TL Zucker
2 TL mittelscharfer Senf
3 EL kaltgepreßtes Olivenöl

1. Den Feldsalat putzen, waschen und abtropfen lassen. Die Feigen waschen, trockentupfen und achteln.

2. Den Mozzarella abtropfen lassen und in dünne Scheiben schneiden. Feldsalat, Feigen und Mozzarella zusammen auf 4 Tellern anrichten.

3. Für die Sauce den Wein zusammen mit der Essigessenz, Salz, Pfeffer, Zucker und Senf in eine Schüssel geben und das Ganze gut miteinander verrühren. Das Öl unter die Mischung schlagen und die Sauce über die Salatportionen gießen.

(auf dem Foto)

FEIGEN

Die Früchte des zu den Maulbeergewächsen zählenden Feigenbaums kommen zwischen Juli und November frisch, ansonsten zumeist getrocknet in den Handel. Die je nach Sorte grünen, bernsteinfarbenen oder violetten Feigen sollten beim Einkauf süß duften und eine fleckenlose, nicht klebrige Schale aufweisen. Sie sind leicht verderblich und können im Kühlschrank bis zu zwei Tage aufbewahrt werden. Feigen werden zumeist geschält serviert, die Samen in dem dunkelroten, saftigen Fruchtfleisch sind eßbar.

Salat mit Melone und Parmaschinken

fruchtig

- *Für 4 Personen*
- *Zubereitung: ca. 20 Min.*
- *ca. 310 kcal je Portion*

ZUTATEN

1 Kopfsalat
1/2 Charentaismelone (ca. 600 g)
1 P. Mozzarella-Kugeln (150 g)
1 Bund Basilikum
2 EL Weißweinessig
Salz
bunter Pfeffer
3 EL Öl
8 Scheiben Parmaschinken (ca. 100 g)

1. Den Kopfsalat putzen, waschen und abtropfen lassen. Ihn in mundgerechte Stücke zerkleinern.

2. Die Charentaismelone schälen und mit einem Löffel entkernen. Das Fruchtfleisch in mundgerechte Stücke schneiden.

3. Die Mozzarellakugeln abtropfen lassen. Das Basilikum verlesen, waschen und trockentupfen. Die Blätter von den Stielen zupfen und in feine Streifen schneiden.

4. Für die Sauce den Essig, Salz und Pfeffer miteinander verrühren. Dann das Öl unter die Mischung schlagen und die Basilikumblätter in die Sauce geben.

5. Den Kopfsalat, die Melonenstücke und die Mozzarellakugeln in eine Schüssel geben. Die Sauce darübergießen und alles gut miteinander vermischen. Den Salat zusammen mit den Schinkenscheiben auf einer Platte anrichten und servieren.

TIP

In Plastikfolie verpackt können Sie angeschnittene Charentaismelonen im Kühlschrank bis zu 2 Tage aufheben. Am besten schmecken Sie jedoch frisch aufgeschnitten.

Bunter Mozzarellasalat mit Sprossen

knackig

- *Für 4 Personen*
- *Zubereitung: ca. 25 Min.*
- *ca. 350 kcal je Portion*
- *Dazu paßt Dinkelbrot*

ZUTATEN

1 Kopfsalat
400 g Tomaten
400 g Mozzarella
3 EL Rotweinessig
Salz
schwarzer Pfeffer
geriebene Muskatnuß
3 1/2 EL kaltgepreßtes Olivenöl
4 EL Sojasprossen aus dem Glas

1. Den Kopfsalat putzen und in die einzelnen Blätter zerteilen. Diese gründlich waschen und trockentupfen.

2. Die Tomaten waschen, vom Stielansatz befreien und achteln.

3. Den Mozzarella abtropfen lassen und zuerst in Scheiben, dann in Würfel schneiden.

4. Den Rotweinessig zusammen mit etwas Salz und Pfeffer sowie 1 Prise Muskatnuß so lange verrühren, bis sich das Salz ganz aufgelöst hat. Das Olivenöl in dünnem Strahl dazugießen und mit einem Schneebesen unterschlagen.

5. Die Tomatenachtel zusammen mit den Mozzarellawürfeln in eine Schüssel geben und die Salatsauce darübergeben. Das Ganze vorsichtig miteinander vermengen.

6. Eine Salatschüssel mit den Salatblättern auslegen und die Tomaten-Käse-Mischung hineingeben. Zum Schluß die Sprossen darüberstreuen.

TIP

- ***Verwenden Sie im Freiland gezogenen Kopfsalat, der von Mai bis Oktober erhältlich ist. Er schmeckt aromatischer, ist länger haltbar und weniger nitrathaltig als Treibhausware.***

Griechischer Salat

würzig

- *Für 4 Personen*
- *Zubereitung: ca. 30 Min.*
- *ca. 550 kcal je Portion*

ZUTATEN

250 g Tomaten
1 große Salatgurke
1 große Gemüsezwiebel
1 Kopfsalat
4 EL schwarze Oliven
4 EL Essig
Salz
schwarzer Pfeffer
Zucker
3 EL kaltgepreßtes Olivenöl
1 Knoblauchzehe
1 TL getrocknete Kräuter der Provence
3 EL Butter
1 Fladenbrot
1/2 Bund glatte Petersilie
200 g Feta

1. Die Tomaten und die Salatgurke putzen, waschen und in Scheiben schneiden. Die Gemüsezwiebel schälen und in dünne Ringe schneiden.

2. Den Kopfsalat putzen, waschen und abtropfen lassen. Die Salatblätter in mundgerechte Stücke zerteilen.

3. Die Salatstücke zusammen mit den Tomaten- und Gurkenscheiben sowie den Zwiebelringen und den Oliven in eine Schüssel geben und das Ganze vorsichtig miteinander vermischen. Den Backofen auf 240 °C mit Grillstufe vorheizen.

4. Für die Sauce den Essig zusammen mit Salz, Pfeffer sowie 1 Prise Zucker verrühren und das Öl unter die Mischung schlagen. Die Sauce über den Salat gießen, alles vermischen und etwas ziehen lassen.

5. Die Knoblauchzehen schälen und durch eine Knoblauchpresse drücken. Den Knoblauch und die Kräuter zusammen mit der Butter in ein Schüsselchen geben und das Ganze miteinander vermengen.

6. Das Fladenbrot vierteln und dann quer einschneiden. Die Brote mit der Knoblauch-Kräuter-Masse bestreichen und im Backofen unter dem heißen Grill etwa 2 Minuten erhitzen.

7. Die Petersilie verlesen und waschen. Die Blätter von den Stielen zupfen. Einige Blätter für die Garnitur beiseite legen, die restlichen Blätter fein hacken und unter den Salat mengen.

8. Den Salat nochmals mit Salz und Pfeffer abschmekken. Ihn auf 4 Teller verteilen, jeweils Schafskäse darüberbröckeln und das Ganze mit den Petersilienblättern garnieren. Den Salat zusammen mit dem Fladenbrot servieren.

TIPS

- ***Wenn Sie zu diesem Salat Hackfleischbällchen reichen, erhalten Sie eine vollwertige Mahlzeit.***
- ***Anstelle von Kopfsalat können Sie auch die gleiche Menge Feldsalat oder jungen Blattspinat verwenden.***

Nussiger Salat mit Ziegenkäse

kernig

- *Für 4 Personen*
- *Zubereitung: ca. 30 Min.*
- *ca. 340 kcal je Portion*
- *Dazu paßt Roastbeef*

ZUTATEN

50 ml Traubensaft
1/2 TL Dijonsenf
1/2 EL Balsamicoessig
1/2 EL Haselnußöl
1/2 EL Walnußöl
1 EL Traubenkernöl
Salz
weißer Pfeffer
400 g Pflücksalat
75 g Haselnußkerne
150 g milder Ziegenkäse
1/2 Bund Schnittlauch

1. Für die Sauce den Traubensaft, den Senf und den Essig in einer Schüssel gründlich miteinander verrühren. Dann das Haselnuß-, Walnuß- und Traubenkernöl jeweils nach und nach mit einem Schneebesen unterschlagen. Die Sauce mit Salz und Pfeffer abschmecken.

2. Den Pflücksalat putzen, waschen und abtropfen lassen. Ihn in mundgerechte Stücke zerkleinern. Die Haselnußkerne grob hacken.

3. Den Käse entrinden, in etwa 1 cm große Stücke schneiden und diese ohne Fettzugabe in einer beschichteten Pfanne leicht erwärmen.

4. Den Schnittlauch verlesen, waschen und in feine Röllchen schneiden. Einen Teil der Röllchen über den Käse geben.

5. Den Pflücksalat in eine Schüssel geben, die Salatsauce darübergeben und das Ganze gut miteinander vermischen.

6. Den Salat auf 4 Portionstellern anrichten. Jede Portion mit Haselnüssen, Schnittlauchröllchen und zum Schluß mit Käsewürfeln bestreuen.

Bohnen-Feta-Salat

aromatisch

- *Für 4 Personen*
- *Zubereitung: ca. 40 Min.*
- *ca. 380 kcal je Portion*
- *Dazu paßt frisches Bauernbrot*

ZUTATEN

200 g grüne Bohnen
Salz
6 Tomaten
250 g Feta
einige Zweige Thymian und Rosmarin
3 EL Weißweinessig
bunter Pfeffer
5 EL kaltgepreßtes Olivenöl
100 g schwarze Oliven

1. Die Bohnen putzen, waschen und abtropfen lassen. Sie je nach Größe eventuell halbieren. Die Bohnen in kochendem Salzwasser etwa 15 Minuten garen. Sie danach in einem Sieb abtropfen lassen.

2. Inzwischen die Tomaten waschen. Die Stielansätze keilförmig großzügig ausschneiden und die Tomaten in dünne Scheiben schneiden. Den Feta in mundgerechte Würfel schneiden.

3. Thymian und Rosmarin verlesen und waschen. Die Thymianblätter und die Rosmarinnadeln von den Stielen abzupfen.

4. Für die Sauce Weißweinessig, Thymianblätter und Rosmarinnadeln zusammen mit Salz und Pfeffer verrühren. Das Öl darunterschlagen.

5. Die Bohnen, die Tomatenscheiben, den Schafskäse und die Oliven zusammen auf einer Platte anrichten. Die Kräutersauce darübergeben und das Ganze vor dem Servieren etwas ziehen lassen.

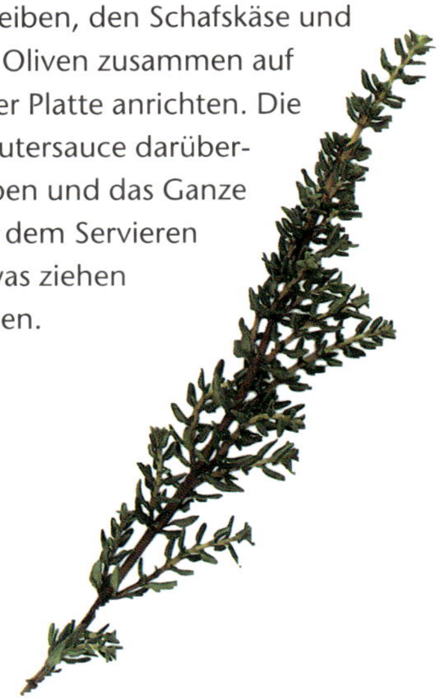

Paprikaschnecken auf Fetasalat

gut vorzubereiten

- *Für 4 Personen*
- *Zubereitung: ca. 25 Min.*
- *ca. 430 kcal je Portion*

ZUTATEN

3 Eier
100 ml Milch
Salz
4 EL Öl (z. B. von Biskin)
1 EL Pinienkerne
1/2 EL gehackter Oregano
1/2 EL Schnittlauchröllchen
100 g Paprikabrotaufstrich (z. B. von Flora)
50 g Rauke (Rucola)
1 kleiner Kopf grüner Salat
1/2 Kopf Eichblattsalat
200 g Feta
1 Knoblauchzehe
2 EL Balsamicoessig
1 EL mittelscharfer Senf
Pfeffer
50 g schwarze Oliven

1. Die Eier zusammen mit der Milch und dem Salz in eine Schüssel geben und alles miteinander verquirlen. 1 Eßlöffel Öl in einer Pfanne erhitzen. Nacheinander jeweils die Hälfte der Eiermischung dazugeben und daraus 2 Omelettes backen.

2. Die Pinienkerne in einer beschichteten Pfanne ohne Fettzugabe rösten. Sie zusammen mit den Kräutern und dem Brotaufstrich verrühren und das Ganze vorsichtig auf die Omelettes streichen. Die Omelettes aufrollen und abkühlen lassen.

3. Inzwischen die Salate putzen, waschen und abtropfen lassen. Die Rauke kleinschneiden, Kopfsalat und Eichblattsalat in mundgerechte Stücke zerteilen.

4. Den Feta abtropfen lassen und fein würfeln. Den Knoblauch schälen und durch eine Knoblauchpresse drücken.

5. Für die Salatsauce den Essig, den Senf und den Knoblauch miteinander verrühren. Nach und nach 3 Eßlöffel Öl darunterschlagen und das Ganze mit Salz und Pfeffer kräftig abschmecken.

6. Rauke, Kopf- und Eichblattsalat sowie den Feta zusammen mit den Oliven in eine Schüssel geben und die Salatsauce darübergeben. Das Ganze gut miteinander vermengen und auf 4 Teller verteilen.

7. Die Omelettes in etwa 1 cm dicke Scheiben schneiden. Die Paprikaschnecken auf den Salattellern anrichten und den Salat servieren.

OREGANO

Der Oregano ist der geschmacklich ausgeprägtere Verwandte des Majorans und gedeiht im Mittelmeerraum und in Mexiko. Im Handel wird Oregano getrocknet und gerebelt angeboten. Man kann ihn aber auch in einem Blumentopf an einem sonnigen Platz selbst ziehen. Die jungen Triebspitzen werden frisch verwendet. Oregano eignet sich gut zum Würzen von Teigwaren, Pizza, italienischen Gemüsegerichten und Chili con carne.

Eingelegter Mini-Mozzarella

für Gäste

- *Für 4 Personen*
- *Zubereitung: ca. 10 Min.*
- *ca. 330 kcal je Portion*
- *Dazu paßt frisches Baguette*

ZUTATEN

40 Mini-Mozzarellakugeln (ca. 300 g)
3 Knoblauchzehen
1 Stück Schale von 1 unbehandelten Zitrone
1/2 Bund Thymian
1 Zweig Rosmarin
2-3 TL geschroteter schwarzer Pfeffer
3 EL Rotweinessig
1/4 l Sonnenblumenöl (z. B. von Thomy)

1. Die Mozzarellakugeln in einem Sieb gut abtropfen lassen. Die Knoblauchzehen schälen und halbieren.

2. Die Zitronenschale waschen, trockenreiben und in feine Streifen schneiden. Thymian und Rosmarin verlesen und waschen. Die Thymianblätter und die Rosmarinnadeln von den Stielen abzupfen.

3. Die Mozzarellakugeln abwechselnd mit den Knoblauchhälften, den Zitronenschalenstreifen, Thymian, Rosmarin und Pfeffer in 1 bis 2 Gläser mit Schraubdeckel (à etwa 500 ml) schichten.

4. Den Rotweinessig über die gesamten Zutaten träufeln und das Ganze mit dem Sonnenblumenöl so auffüllen, daß alle Zutaten bedeckt sind.

5. Das Ganze gut verschließen und im Kühlschrank aufbewahren. Die eingelegten Mozzarellakugeln innerhalb 1 Woche verbrauchen.

TIP

- ***Servieren Sie die eingelegten Mini-Mozzarella mit kleinen halbierten Tomaten.***

Eingelegter Schafskäse

würzig

- *Für 4 Personen*
- *Zubereitung: ca. 15 Min. (plus 2-3 Tage Zeit zum Ziehen)*
- *ca. 390 kcal je Portion*
- *Dazu paßt frisches Baguette*

ZUTATEN

4-6 Knoblauchzehen
5 kleine, rote Chilischoten
1 kleiner Zweig Rosmarin
einige Zweige Thymian
500 g Feta am Stück
50 g schwarze Oliven
50 g grüne, mit Paprikapaste gefüllte Oliven
2 EL bunte Pfefferkörner
1/2 l Olivenöl

1. Die Knoblauchzehen schälen und halbieren. Die Chilischoten waschen und trockentupfen.

2. Den Rosmarin und den Thymian verlesen, waschen und trockentupfen.

3. Den Schafskäse in Scheiben schneiden und zusammen mit Knoblauch, Chilischoten, Oliven, Pfefferkörnern und Kräuterzweigen in 1 bis 2 Gläser (à etwa 500 ml) mit Schraubdeckel geben. Das Ganze so mit dem Olivenöl auffüllen, daß alle Zutaten damit bedeckt sind. Den eingelegten Schafskäse 2 bis 3 Tage ziehen lassen.

OLIVEN

In der Regel tragen Olivenbäume etwa im Alter von fünf Jahren die ersten Oliven und liefern meist erst nach fünfzig Jahren optimale Erträge. Der größte Teil der Ernte wird zu Öl gepreßt, der Rest als Tafeloliven verwendet, die jedoch nur eingelegt genießbar sind. Grüne Oliven sind unreif geerntete Früchte, die nur ein Drittel so viel Fett enthalten wie die vollreifen schwarzen Oliven. Oliven kommen ganz oder entsteint, mit Paprikastückchen, Mandeln, Sardellen, Zwiebeln oder Kapern gefüllt in den Handel.

Mais-Feta-Toast

sommerlich

- *Für 4 Personen*
- *Zubereitung: ca. 30 Minuten*
- *ca. 530 kcal*
- *Dazu paßt grüner Salat*

ZUTATEN

1 rote Paprikaschote
1 grüne Peperoni
1 Zwiebel
100 g roher Schinken
140 g Maiskörner aus der Dose
1 Bund Dill
1 EL Öl
1 EL Mehl
6 EL süße Sahne
Salz
edelsüßes Paprikapulver
Chilipulver
etwas Zitronensaft
8 Scheiben Toastbrot
200 g Kuhmilch-Feta (z. B. Hochland Patros)
schwarzer Pfeffer

1. Die Paprikaschote und die Peperoni waschen und trokkentupfen. Sie längs halbieren und von den Stielansätzen und Kernen befreien. Die Paprikaschote würfeln, die Peperoni in feine Ringe schneiden.

2. Die Zwiebel schälen und fein hacken. Den Schinken in dünne Streifen schneiden. Den Mais in einem Sieb gut abtropfen lassen. Den Dill verlesen, waschen und fein hacken. Den Backofen auf 200 °C vorheizen.

3. Das Öl in einer Pfanne erhitzen und die Paprikawürfel darin anbraten. Die Zwiebelstücke dazugeben und ebenfalls anbraten. Die Peperoniringe, die Schinkenstreifen und den Mais nacheinander zu der Paprika-Zwiebel-Mischung geben und sie etwa 5 bis 10 Minuten anbraten.

4. Das Mehl zusammen mit der Sahne verrühren und in die Gemüsemischung einrühren. Das Ganze mit Salz, Paprika- und Chilipulver sowie etwas Zitronensaft pikant abschmecken. Den Dill unterrühren und die Gemüsemischung vom Herd nehmen.

5. Die Toastbrotscheiben rösten und die Gemüsemischung darauf geben. Den Feta in dünne Scheiben schneiden und die Toastbrote damit bedecken. Die Toasts im Backofen auf der zweiten Einschubleiste von oben etwa 10 bis 15 Minuten überbacken. Sie vor dem Servieren mit grob gemahlenem schwarzen Pfeffer bestreuen.

PAPRIKA

Gemüsepaprika wird besonders wegen seines hohen Gehalts an Vitamin C geschätzt. Zusätzlich regt Paprika sowohl den Appetit als auch die Verdauung an. Angeboten werden die Schoten in unterschiedlichen Reifegraden, die sich an der Farbe erkennen lassen. Grüne Paprika sind nicht voll ausgereift und schmecken leicht bitter. Die gelben, noch nicht voll ausgereiften Früchte schmecken milder. Am fruchtigsten und vitaminreichsten sind die voll ausgereiften roten Paprikaschoten.

Überbackener Gemüsetoast

herzhaft

- *Für 4 Personen*
- *Zubereitung: ca. 20 Min.*
- *ca. 400 kcal je Portion*
- *Dazu paßt grüner Salat*

ZUTATEN

2 kleine Zwiebeln
200 g Champignons
100 g roher Schinken
2 grüne Paprikaschoten
1/2 Bund glatte Petersilie
2 TL Sonnenblumenöl
4 TL saure Sahne
Salz
schwarzer Pfeffer
4 Scheiben Vollkorntoast
4 EL Butter
150 g Mozzarella

1. Den Backofen auf 200 °C vorheizen. Die Zwiebeln schälen und in feine Ringe schneiden. Die Champignons putzen, waschen und trockentupfen. Die Pilze in Scheiben, den Schinken in feine Streifen schneiden.

2. Die Paprikaschoten waschen und trockentupfen. Sie der Länge nach vierteln, entkernen und in kleine Würfel schneiden. Die Petersilie verlesen, waschen und fein hacken.

3. Das Sonnenblumenöl in einer Pfanne erhitzen. Zwiebelringe, Champignonscheiben, Schinkenstreifen sowie Paprikaschotenwürfel dazugeben und sie im heißen Öl unter ständigem Rühren anbraten.

4. Die saure Sahne unter die Gemüse-Schinken-Mischung ziehen und das Ganze mit Salz und Pfeffer abschmecken. Die Mischung vom Herd nehmen.

5. Die Toastscheiben rösten und anschließend mit Butter bestreichen. Die Gemüse-Schinken-Mischung darauf verteilen. Jeden Toast mit etwas Petersilie bestreuen.

6. Den Mozzarella abtropfen lassen und in Scheiben schneiden. Jeden Toast mit Mozzarellascheiben belegen und die Toasts im Ofen auf der zweiten Einschubleiste von oben etwa 10 Minuten überbacken, bis der Käse vollständig geschmolzen ist.

TIP

Der Gemüsetoast schmeckt noch herzhafter, wenn Sie anstelle von Mozzarella die gleiche Menge Schafskäse verwenden. Überbacken Sie in diesem Fall die Toasts dann so lange, bis die Käseränder leicht angebräunt werden.

GEMÜSEPAPRIKA

Paprikaschoten sind reich an Vitamin C und je nach Reifegrad grün, gelb, orange, rot oder sogar dunkelviolett. Die grünen Paprikaschoten schmecken etwas herb, weil sie noch nicht voll ausgereift sind. Frische Paprikaschoten haben eine glatte, glänzende Haut und festes Fruchtfleisch.

Fencheltoast

aromatisch

- *Für 4 Personen*
- *Zubereitung: ca. 20 Min.*
- *ca. 390 kcal je Portion*
- *Dazu paßt grüner Salat*

ZUTATEN

2 kleine Fenchelknollen
2 Zwiebeln
2 EL kaltgepreßtes Olivenöl
2 EL Pinienkerne
2 EL ungeschwefelte Rosinen
Salz
schwarzer Pfeffer
Tabascosauce
4 Scheiben Vollkorntoast
2 EL Butter
150 g Mozzarella

1. Den Backofen auf 220 °C vorheizen. Die Fenchelknollen waschen. Welke und unansehnliche Stellen entfernen und das Strunkende knapp abschneiden. Das zarte Fenchelgrün fein wiegen und die Knollen der Länge nach in Streifen schneiden. Die Zwiebeln schälen und würfeln.

2. Das Öl erhitzen und die Zwiebelwürfel anbraten. Die Fenchelstreifen dazugeben und das Ganze bei mittlerer Temperatur etwa 10 Minuten zugedeckt schmoren lassen. Pinienkerne und Rosinen dazugeben und alles mit Salz, Pfeffer und einigen Spritzern Tabascosauce kräftig würzen.

3. Die Vollkorntoasts rösten und jeweils dünn mit Butter bestreichen. Den Mozzarella abtropfen lassen und in Scheiben schneiden. Die Fenchelmischung auf den Toasts verteilen und die Mozzarellascheiben darauf legen.

4. Die Toasts auf der zweiten Einschubleiste von oben etwa 10 Minuten im Backofen überbacken. Sie vor dem Servieren mit dem Fenchelgrün garnieren.

(auf dem Foto)

Pizzatoast

herzhaft

- *Für 4 Personen*
- *Zubereitung: ca. 20 Min.*
- *ca. 300 kcal je Portion*

ZUTATEN

100 ml passierte Tomaten
Salz
schwarzer Pfeffer
1-2 TL getrocknete italienische Kräutermischung
125 g Mozzarella
240 g Artischockenherzen aus der Dose
4 Scheiben Toastbrot
4 große Scheiben Parmaschinken
1 Zweig Basilikum
1 Zweig Oregano

1. Den Backofen auf 220 °C vorheizen. Die Tomaten in eine Schüssel geben und mit Salz, Pfeffer und etwa 1 Teelöffel Kräutermischung abschmecken.

2. Den Mozzarella und die Artischockenherzen gut abtropfen lassen und in Scheiben schneiden.

3. Die Toastbrote hell rösten. Sie mit den passierten Tomaten bestreichen und mit Artischocken, Parmaschinken und Mozzarella belegen. Das Ganze mit etwas Kräutermischung bestreuen.

4. Die Pizzatoasts im Backofen auf der zweiten Einschubleiste von oben 5 bis 10 Minuten überbacken.

5. Das Basilikum und den Oregano waschen und trockentupfen. Die Blätter abzupfen. Basilikumblätter in feine Streifen schneiden, Oreganoblätter fein hacken. Die Pizzatoasts vor dem Servieren damit garnieren.

TIP

Wenn Sie das Basilikum mit einer Schere kleinschneiden, wird es nicht dunkel.

Feta-Sandwich mit Olivenpesto

schnell

- *Für 4 Personen*
- *Zubereitung: ca. 20 Min.*
- *ca. 440 kcal je Portion*

ZUTATEN

50 g schwarze Oliven
35 g grüne, mit Paprikapaste gefüllte Oliven
1 Knoblauchzehe
2 EL kaltgepreßtes Olivenöl
schwarzer Pfeffer
300 g Feta am Stück
2 kleine, rote Zwiebeln
einige Blätter Eichblattsalat
8 Scheiben Sandwich-Toast

1. Für das Pesto die schwarzen Oliven entsteinen. Beide Olivensorten fein hacken und alles in eine kleine Schüssel geben.

2. Die Knoblauchzehe schälen, durch eine Knoblauchpresse drücken, zu den Oliven geben und alles miteinander vermengen. Das Olivenöl unter die Oliven-Knoblauch-Mischung rühren und das Ganze mit Pfeffer würzen.

3. Den Käse in feine Scheiben schneiden. Die Zwiebeln schälen und in dünne Ringe schneiden. Die Salatblätter waschen und mit Küchenkrepp trockentupfen.

4. Die Toastscheiben rösten und halbieren. Sie jeweils mit einigen Salatblättern belegen. Die Käsescheiben und die Zwiebelringe auf die Salatblätter geben und das Ganze mit dem Olivenpesto bestreichen. Zum Schluß jeden Toast mit der zweiten Toasthälfte bedecken.

Sandwich „Italienisch"

schnell

- *Für 4 Personen*
- *Zubereitung: ca. 20 Min.*
- *ca. 330 kcal je Portion*
- *Dazu paßt Gurkensalat*

ZUTATEN

8 Scheiben Kastenweißbrot oder 4 dünne Scheiben italienisches Weißbrot
4 EL Butter
Salz
schwarzer Pfeffer
einige Blätter Radicchio
1/2 Bund Basilikum
4 Scheiben italienische Mortadella
100 g milder Gorgonzola

1. Alle Kastenweißbrotscheiben oder die Scheiben des italienischen Weißbrots dünn mit Butter bestreichen und mit etwas Salz und Pfeffer bestreuen. Die italienischen Weißbrotscheiben halbieren.

2. Die Radicchioblätter und die Basilikumzweige verlesen, waschen und mit Küchenkrepp trockentupfen. Die Basilikumblätter von den Stielen zupfen.

3. Die Radicchioblätter auf 4 Toastbrotscheiben verteilen. Auf die Radicchioblätter jeweils 1 Scheibe Mortadella, 1/4 des Gorgonzolas sowie einige Basilikumblätter geben. Die belegten Brote jeweils mit 1 weiteren Toastbrotscheibe bedecken.

TIP

- *Wenn Sie die Sandwiches beispielsweise als Proviant für einen Ausflug mitnehmen wollen, dann sollten Sie sie fest in Klarsichtfolie einwickeln, damit sie nicht auseinanderfallen. Am besten transportieren Sie die Sandwiches in einer Dose.*

BASILIKUM

Das Basilikum (von griechisch basilikon, „königlich") mit seinem kräftigen, leicht pfeffrigen Geschmack ist eines der vielseitigsten Küchenkräuter. Am bekanntesten ist das grüne Basilikum, es gibt aber auch rote Basilikumsorten. Kleine grüne Blättchen hat das Zwerg- oder Buschbasilikum. Einige Basilikumsorten duften nach Zitrone, Zimt oder Anis.
Besonders schmackhaft läßt sich Basilikum mit Tomaten, Auberginen, Zucchini, Kürbis, Spinat sowie Fleisch und Geflügel verbinden. Die frischen Blätter, die immer geschnitten und nicht gehackt werden sollten, sind geschmacklich dem gerebelten Kraut vorzuziehen. Basilikum kann problemlos im Blumentopf in der Wohnung oder auf dem Balkon gezogen werden.

Fladenbrot mit Feta

schnell

- *Für 4 Personen*
- *Zubereitung: ca. 20 Min. (plus ca. 30 Min. Zeit zum Ziehen)*
- *ca. 340 kcal je Portion*

ZUTATEN

1 Knoblauchzehe
1/2 Bund Schnittlauch
3 EL kaltgepreßtes Olivenöl
Salz
schwarzer Pfeffer
175 g Feta am Stück
einige Blätter Eisbergsalat
2 rote Zwiebeln
1/2 Salatgurke
1 Fladenbrot (ca. 250 g)
100 g schwarze Oliven

1. Die Knoblauchzehe schälen und fein würfeln. Den Schnittlauch verlesen, waschen, trockentupfen und die Hälfte davon in kleine Röllchen schneiden.

2. Die Knoblauchwürfel zusammen mit den Schnittlauchröllchen in das Olivenöl geben und das Ganze miteinander verrühren. Die Mischung mit Salz und Pfeffer würzen.

3. Den Feta in Scheiben schneiden und mit dem Knoblauchöl übergießen. Das Ganze etwa 30 Minuten ziehen lassen.

4. In der Zwischenzeit die Salatblätter waschen und trockentupfen. Die Zwiebeln schälen und in feine Ringe schneiden. Die Salatgurke waschen, trockentupfen und in dünne Scheiben schneiden.

5. Das Fladenbrot vierteln und die Viertel nochmals waagerecht durchschneiden. Die Brotscheiben mit Salatblättern, Gurkenscheiben, Zwiebelringen und Oliven belegen. Den marinierten Feta und das obere Viertel des Fladenbrots darauf geben und mit dem restlichen Schnittlauch garnieren.

(auf dem Foto)

Spaghetti mit Rauke-Pesto

fein-würzig

- *Für 4 Personen*
- *Zubereitung: ca. 30 Min.*
- *ca. 680 kcal je Portion*

ZUTATEN

1 Bund glatte Petersilie
100 g Rauke (Rucola)
1 Knoblauchzehe
60 g Pinienkerne
50 g geriebener Parmesan
75 ml Olivenöl
Salz
Pfeffer
400 g Spaghetti
einige gehobelte Parmesanlocken
1 unbehandelte Zitrone in Spalten

1. Die Petersilie und die Rauke verlesen und waschen. Die Petersilienblätter abzupfen und fein hacken. Die Hälfte der Rauke in grobe Streifen schneiden. Den Knoblauch schälen und ebenso wie 40 g der Pinienkerne fein hacken.

2. Petersilie, Raukestreifen, Knoblauch, Pinienkerne und geriebenen Parmesan in einen Mörser geben, mit dem Stößel gründlich vermischen und zu einer glatten Masse verarbeiten. Das Olivenöl nach und nach unterarbeiten, bis eine glatte Sauce entsteht. Das Pesto mit Salz und Pfeffer würzen.

3. Die Spaghetti nach Packungsanleitung in kochendem Salzwasser in etwa 10 Minuten bißfest garen.

4. Inzwischen die restlichen 20 g Pinienkerne in einer beschichteten Pfanne ohne Fettzugabe rösten. Von den restlichen Raukeblättern einige beiseite legen, die anderen in Streifen schneiden.

5. Die Spaghetti abtropfen lassen, zusammen mit dem Pesto und den Raukestreifen vermischen und auf 4 Teller verteilen. Sie mit den übrigen Raukeblättern, Pinienkernen, Parmesanlocken und Zitronenspalten garnieren.

Vollkorn-Nudeln mit Spinat und Gorgonzola

vollmundig

- *Für 4 Personen*
- *Zubereitung: ca. 25 Min.*
- *ca. 800 kcal je Portion*

ZUTATEN

250 g Vollkorn-Spaghetti
Salz
1 Zwiebel
1 Knoblauchzehe
100 g Walnußkerne
500 g Blattspinat
2 EL Butter
schwarzer Pfeffer
250 g süße Sahne
1/8 l Gemüsebrühe
125 g Gorgonzola
abgeriebene Muskatnuß

1. Die Spaghetti nach Packungsanleitung in kochendem Salzwasser in etwa 15 Minuten bißfest garen.

2. Die Zwiebel und die Knoblauchzehe schälen. Zwiebel, Knoblauch und 50 g Walnußkerne fein hacken. Den Spinat verlesen, putzen und gründlich waschen.

3. Die Butter in einem Topf erhitzen. Die Zwiebel- und Knoblauchstückchen sowie die gehackten Nüsse zusammen darin dünsten. Den tropfnassen Spinat dazugeben und bei mittlerer Hitze etwa in 5 Minuten garen. Das Ganze mit Salz und Pfeffer abschmecken.

4. Die Sahne zusammen mit der Gemüsebrühe aufkochen. 100 g Gorgonzola dazugeben und darin schmelzen lassen. Das Ganze mit Salz, Pfeffer und etwas Muskatnuß würzig abschmecken.

5. Die Spaghetti abtropfen lassen und auf 4 Tellern anrichten. Die Sauce darübergeben. Den Walnußspinat mit einer kleinen Kelle zu etwa 12 Kugeln formen und auf die Sauce setzen. Die restlichen 25 g Gorgonzola fein würfeln und zusammen mit den restlichen Walnüssen über die Nudeln streuen.

Lasagne mit Ricotta

mediterran

- *Für 4 Personen*
- *Zubereitung: ca. 1 1/4 Std.*
- *ca. 850 kcal je Portion*
- *Dazu paßt ein knackiger Salat*

ZUTATEN

300 g grüne Lasagneblätter
Salz
2 EL Sonnenblumenöl
80 g Sonnenblumenkerne
250 g Mozzarella
250 g geschmeidiger Ricotta
4 EL geriebener Parmesan
2 Eier
1 TL getrocknetes Basilikum
2 Msp. getrockneter Thymian
2 Msp. getrockneter Oregano
schwarzer Pfeffer
500 g passierte Tomaten
2 EL Sonnenblumenkerne zum Bestreuen

1. Den Backofen auf 180 °C vorheizen. Die Lasagneblätter nach Packungsanleitung in reichlich kochendes Salzwasser geben. 1 Eßlöffel Öl hinzufügen und die Nudelblätter bißfest garen. Sie vorsichtig herausnehmen, abschrecken und abkühlen lassen.

2. Die Sonnenblumenkerne fein hacken. Den Mozzarella abtropfen lassen und in dünne Scheiben schneiden. Den Ricotta zusammen mit den gehackten Kernen, Parmesan, Eiern, Kräutern und Pfeffer gut verrühren.

3. Eine feuerfeste Form (etwa 37 cm lang) mit 1 Eßlöffel Sonnenblumenöl ausfetten. Zuerst eine Schicht Lasagneblätter in die Form legen, darauf einen Teil der Ricottamasse und etwas passierte Tomaten geben. Das Ganze mit einigen Mozzarellascheiben belegen. Die Zutaten in dieser Reihenfolge einschichten und mit einem Lasagneblatt abdecken. Nochmals Tomaten darübergeben und Sonnenblumenkerne darüberstreuen.

4. Die Lasagne auf der mittleren Einschubleiste im Ofen etwa 25 Minuten überbacken. Sie vor dem Servieren einige Minuten ruhen lassen, damit sich die einzelnen Schichten „setzen" können.

TIP

- ***Sie können die Lasagne etwas schneller zubereiten, wenn Sie Lasagneblätter verwenden, die nicht mehr vorgegart werden müssen.***

RICOTTA

Ricotta ist ein italienischer Käse aus Schafsmilch (Ricotta di pecora) oder Kuhmilch (Ricotta vacca) und wird häufig mit Quark verwechselt. Er eignet sich besonders gut für Füllungen. Ricotta ist in den Geschmacksrichtungen „dolce" (ungesalzen), „moliterno" (gesalzen und getrocknet) sowie „tipo forte" (gesalzen und gereift) im Handel erhältlich.

Cannelloni mit Spinat-Ricotta-Füllung

würzig

- *Für 4 Personen*
- *Zubereitung: ca. 1 1/2 Std.*
- *ca. 730 kcal je Portion*

ZUTATEN

650 g Blattspinat
1 Zwiebel, 5 EL Butter
Salz, schwarzer Pfeffer
geriebene Muskatnuß
1 Scheibe Weißbrot
je 100 g Parmesan und Ricotta
2 EL Pinienkerne, 2 Eier
1 EL gehackter Majoran
16 weiße Cannelloni (ca. 160 g)
2 EL Mehl, 1/4 l Milch
200 g süße Sahne
1 EL Öl

1. Den Spinat verlesen, putzen, waschen, abtropfen lassen und in Streifen schneiden. Die Zwiebel schälen und würfeln. 3 Eßlöffel Butter erhitzen und sie darin glasig dünsten. Den Spinat dazugeben, etwa 2 Minuten dünsten und mit Salz, Pfeffer und Muskatnuß würzen.

2. Das Brot entrinden und zerkrümeln. Den Parmesan reiben, den Ricotta zerkleinern. Die Pinienkerne ohne Fettzugabe goldbraun rösten. 1 Ei, Ricotta, 2 Eßlöffel Parmesan, Weißbrot, Pinienkerne und Majoran unter den Spinat rühren und die Cannelloni damit füllen.

3. Den Backofen auf 200 °C vorheizen. Das andere Ei trennen. 2 Eßlöffel Butter erhitzen und Mehl darin anschwitzen. Alles mit Milch und Sahne ablöschen und die Sauce etwa 5 Minuten köcheln lassen. Etwas Sauce mit dem Eigelb verrühren, dann zurück in die Sauce geben, diese vom Herd nehmen und mit Salz, Pfeffer und Muskatnuß würzen.

4. Eine Auflaufform mit Öl ausfetten, Canneloni, Sauce und Parmesan hineingeben. Das Ganze auf der mittleren Einschubleiste 40 bis 45 Minuten garen.

(auf dem Foto)

Nudel-Spinat-Auflauf

herzhaft

- *Für 4 Personen*
- *Zubereitung: ca. 50 Min.*
- *ca. 490 kcal je Portion*
- *Dazu paßt frisches Kastenweißbrot*

ZUTATEN

250 g Bandnudeln
Salz
500 g Spinat
3 Zwiebeln
1-2 Knoblauchzehen
2 EL kaltgepreßtes Olivenöl
500 g gemischtes Rinder- und Schweinehackfleisch
Cayennepfeffer
3 TL Tomatenmark
250 g Mozzarella
1 EL Butter
1 EL Pinienkerne

1. Die Nudeln nach Packungsanleitung in reichlich kochendem Salzwasser in etwa 8 Minuten bißfest garen. Sie dann herausnehmen und abtropfen lassen. Den Backofen auf 220 °C vorheizen.

2. Den Spinat verlesen, putzen, waschen, abtropfen lassen und grob hacken. Die Zwiebeln und den Knoblauch schälen und fein würfeln.

3. Das Öl in einem Topf erhitzen und die Zwiebel- und Knoblauchwürfel darin goldgelb dünsten. Das Hackfleisch dazugeben, mit Salz und Cayennepfeffer würzen und unter Wenden etwa 5 Minuten krümelig braten.

4. Das Tomatenmark unter das Hackfleisch rühren. Den Spinat dazugeben und etwa 2 Minuten dünsten, bis er zusammengefallen ist. Das Ganze nochmals mit Salz und Cayennepfeffer abschmecken.

5. Den Mozzarella abtropfen lassen und in sehr dünne Scheiben schneiden. Eine Auflaufform (etwa 37 cm lang) mit 1 Eßlöffel Butter ausfetten. Einen Teil der Hackfleisch-Spinat-Masse zusammen mit den Nudeln in die Auflaufform füllen. Die Hälfte des Mozzarellas darauf verteilen. Die restliche Hackfleisch-Spinat-Masse einfüllen und das Ganze mit den restlichen Mozzarellascheiben belegen. Zuletzt die Pinienkerne darauf streuen. Den Auflauf auf der mittleren Einschubleiste im Backofen etwa 12 Minuten überbacken.

PINIENKERNE

Pinienkerne sind die Samen aus den dicken Zapfen der Schirmpinie. Diese Baumart stammt ursprünglich aus Kleinasien, ist heute jedoch im gesamten Mittelmeerraum verbreitet. Die leicht gelblichen, länglich geformten Pinienkerne schmecken ölig und leicht süß-säuerlich und finden in vielen Gerichten der orientalischen und der Mittelmeerküche Verwendung. Sie eignen sich ausgezeichnet zum Verfeinern von Salaten und Backwaren sowie zum Garnieren von Fleisch- und Reisgerichten.

Spätzle mit Schinken und Gemüse

mild

- *Für 4 Personen*
- *Zubereitung: ca. 45 Min.*
- *ca. 740 kcal je Portion*
- *Dazu paßt grüner Salat*

ZUTATEN

140 g Eierspätzle
2 große Zwiebeln
300 g gekochter Schinken
560 g Erbsen und Karotten aus der Dose
5 EL Butter
400 g süße Sahne
Salz
schwarzer Pfeffer
abgeriebene Muskatnuß
2 Msp. getrockneter Thymian
Speisewürze
200 g Mozzarella
2 Bund Schnittlauch

1. Die Eierspätzle nach Packungsanleitung in reichlich sprudelnd kochendem Salzwasser etwa 10 Minuten garen. Sie herausnehmen und in einem Sieb gut abtropfen lassen. Den Backofen auf 200 °C vorheizen.

2. Die Zwiebeln schälen und fein würfeln. Den Schinken in Streifen schneiden. Das Dosengemüse in einem Sieb unter fließend kaltem Wasser abspülen und gut abtropfen lassen.

3. 4 Eßlöffel Butter in einer Pfanne erhitzen. Die Zwiebelwürfel hineingeben und darin glasig dünsten. Die Schinkenstreifen zusammen mit dem Gemüse und den Eierspätzle dazugeben und das Ganze etwa 5 Minuten dünsten.
Die Sahne unter die Nudel-Gemüse-Mischung geben und das Ganze mit Salz, Pfeffer, Muskat, Thymian und etwas Speisewürze kräftig abschmecken.

4. Eine runde Auflaufform (etwa 32 cm Ø) mit 1 Eßlöffel Butter ausfetten und die Nudel-Gemüse-Mischung hineingeben.

5. Den Mozzarella abtropfen lassen und in Scheiben schneiden. Die Mozzarellascheiben auf die Nudel-Gemüse-Mischung legen und das Gratin auf der zweiten Einschubleiste von oben etwa 5 Minuten überbacken.

6. Den Schnittlauch waschen, trockentupfen und in Röllchen schneiden. Das fertige Nudelgratin vor dem Servieren mit den Schnittlauchröllchen bestreuen.

TIP

Wenn Sie Gemüse aus der Dose verwenden, sollten Sie einige Regeln beachten: Verwenden Sie niemals Gemüse aus verformten Dosen (Bombagen), da dieses bereits verdorben sein kann. Bevorzugen Sie zudem Dosen mit Innenlackierung, bei denen eine chemische Reaktion zwischen Dose und Doseninhalt weniger wahrscheinlich ist. Dunkel und schlierig gezeichnetes Dosengemüse sollte nicht verwendet werden, da möglicherweise Zinn aus der Lötstelle auf den Doseninhalt übergegangen ist.

Spiralnudeln auf Auberginenfächer

mediterran

- *Für 4 Personen*
- *Zubereitung: ca. 45 Min.*
- *ca. 780 kcal je Portion*
- *Dazu paßt Gurkensalat*

ZUTATEN

2 kleine Zwiebeln
2 kleine Knoblauchzehen
250 g kleine Mozzarellakugeln
6 EL kaltgepreßtes Olivenöl
480 g geschälte Tomaten aus der Dose
Salz, weißer Pfeffer
500 g Spiralnudeln
2 kleine Auberginen (à ca. 200 g)
2 EL fein geschnittenes Basilikum

1. Die Zwiebeln und die Knoblauchzehen schälen und fein würfeln. Die Mozzarellakugeln abtropfen lassen.

2. 2 Eßlöffel Öl in einer Pfanne erhitzen und die Zwiebelzusammen mit den Knoblauchwürfeln darin andünsten. Die Tomaten zusammen mit dem Saft dazugeben. Sie grob zerdrücken, aufkochen lassen und mit Salz und Pfeffer würzen. Die Sauce warm stellen.

3. Die Nudeln in reichlich kochendes Salzwasser geben. 2 Eßlöffel Öl dazugießen und sie nach Packungsanleitung in etwa 12 Minuten garen.

4. Inzwischen die Auberginen putzen, waschen, trockentupfen und in dünne Scheiben schneiden. 2 Eßlöffel Öl in einer Pfanne erhitzen und die Auberginen darin von jeder Seite goldgelb braten. Sie fächerförmig auf 4 vorgewärmten Tellern anordnen, leicht pfeffern und salzen.

5. Die Mozzarellakugeln in die Tomatenmasse geben und sie darin erwärmen.

6. Die Nudeln abgießen und abtropfen lassen. Sie auf den Auberginenfächern anrichten, mit Sauce begießen und mit Basilikum garnieren.

(auf dem Foto)

Bandnudeln mit Lauch und Gorgonzola

fein-würzig

- *Für 4 Personen*
- *Zubereitung: ca. 40 Min.*
- *ca. 610 kcal je Portion*

ZUTATEN

2 Stangen Lauch
100 g Walnußkerne
1 kleine Zwiebel
1 EL Butter
1 EL Mehl
1/4 l Milch
200 g süße Sahne
100 g Gorgonzola
Salz, weißer Pfeffer
Zitronensaft
250 g dünne Bandnudeln
1 unbehandelte Zitrone in Spalten
einige Dillfähnchen

1. Den Lauch putzen und waschen. Die Stangen längs halbieren und die Hälften in lange dünne Streifen schneiden. Die Walnüsse grob hacken, in einem Topf ohne Fettzugabe kurz anrösten und wieder herausnehmen.

2. Die Zwiebel schälen und fein würfeln. Die Butter in einem Topf erhitzen und die Zwiebelwürfel darin andünsten. Das Mehl hinzufügen, anschwitzen und mit der Milch und der Sahne unter Rühren ablöschen. Das Ganze aufkochen lassen.

3. Den Gorgonzola zerkrümeln und in die Sauce geben. Das Ganze mit Salz, Pfeffer sowie etwas Zitronensaft abschmecken und etwa 5 Minuten unter gelegentlichem Rühren köcheln lassen.

4. Die Nudeln in reichlich kochendem Salzwasser nach Packungsanleitung in etwa 5 Minuten garen. Die Lauchstreifen nach etwa 3 Minuten Garzeit dazugeben.

5. Die Nudeln und den Lauch abtropfen lassen und das Ganze auf 4 Teller verteilen. Die Sauce darübergeben und alles mit Walnüssen bestreuen. Die Nudeln mit den Zitronenspalten und den Dillfähnchen garnieren.

Maultaschen mit Feta-Pilz-Füllung

raffiniert

- *Für 4 Personen*
- *Zubereitung: ca. 1 Std. (plus ca. 1 1/2 Std. Ruhezeit)*
- *ca. 620 kcal je Portion*

ZUTATEN

5 Eier
360 g Mehl
Salz, 1 EL Öl
3 g getrocknete Steinpilze
4 EL Rotwein
25 g Schalotten
6 EL Butter
2 TL getrockneter Thymian
100 g Kuhmilch-Feta (z. B. Hochland Patros)
1 EL Crème fraîche
3 große Zwiebeln
30 Salbeiblätter

1. 3 Eier trennen. 350 g Mehl zusammen mit etwas Salz, 2 Eiern, 3 Eigelben, Öl und etwas Wasser zu einem Teig verkneten. Den Knetteig etwa 1 Stunde ruhen lassen.

2. Inzwischen die Pilze im Wein einweichen. Die Schalotten schälen und fein hacken. 1 Eßlöffel Butter in einer Pfanne erhitzen und die Schalotten darin glasig dünsten. Den Thymian und die Pilze zusammen mit dem Wein dazugeben. Das Ganze so lange erhitzen, bis die Flüssigkeit verdampft ist. Den Feta hineinkrümeln und zusammen mit der Crème fraîche unter die Pilze mischen.

3. Den Teig auf einem bemehlten Backblech dünn ausrollen. Auf eine Teighälfte kleine Häufchen Pilzfüllung anordnen. Die andere Hälfte darüberklappen und die gefüllten Taschen ausschneiden. Sie zugedeckt etwa 30 Minuten trocknen lassen.

4. Die Taschen in kochendem Salzwasser in 8 bis 10 Minuten garen, gut abtropfen lassen und warmhalten. Zwiebeln schälen und hacken, Salbei grob zerkleinern. 5 Eßlöffel Butter erhitzen, die Zwiebelwürfel darin glasig dünsten, den Salbei darin schwenken. Die Taschen mit Salbeizwiebeln anrichten.

Warmer Schafskäse mit Gemüse

mediterran

- *Für 4 Personen*
- *Zubereitung: ca. 1 1/2 Std.*
- *ca. 460 kcal je Portion*
- *Dazu paßt kräftiges Roggenmischbrot*

ZUTATEN

je 1 rote, gelbe und grüne Paprikaschote (zusammen ca. 600 g)
500 g Tomaten
3 Zwiebeln
2 Knoblauchzehen
3 EL Öl
1 TL Kräuter der Provence
2 TL Essigessenz (25 %)
Salz
schwarzer Pfeffer
4-5 EL Fleischbrühe
300 g Feta am Stück
50 g schwarze Oliven

1. Die Paprikaschoten waschen und trockentupfen. Sie der Länge nach vierteln, vom Stielansatz befreien und entkernen. Die Paprikaschoten in feine Streifen schneiden. Die Tomaten waschen und trockentupfen. Sie achteln und dabei von den Stielansätzen befreien.

2. Die Zwiebeln schälen, halbieren und in dünne Scheiben schneiden. Die Knoblauchzehen schälen und durch eine Presse drücken. Den Backofen auf 220 °C vorheizen.

3. Eine flache Auflaufform (37 cm lang) mit 1 Eßlöffel Öl ausfetten. Die Paprikaschotenstreifen, die Tomatenachtel und die Zwiebelringe abwechselnd und versetzt in die Form schichten.

4. Den Knoblauch zusammen mit den Kräutern der Provence, Essigessenz, 2 Eßlöffel Öl, Salz, Pfeffer und Fleischbrühe verrühren. Die Sauce über das Gemüse gießen. Die Auflaufform mit Alufolie abdecken und das Ganze auf der mittleren Einschubleiste in etwa 45 Minuten garen.

5. Den Auflauf aus dem Ofen nehmen und etwas abkühlen lassen, damit das Gemüse gut durchziehen kann. Inzwischen den Feta in Scheiben oder Streifen schneiden und zusammen mit den Oliven auf dem Gemüse verteilen. Alles erneut mit Alufolie abdecken und nochmals etwa 10 Minuten im Backofen garen.

KRÄUTER DER PROVENCE

Diese bei uns besonders geschätzte Gewürzmischung kommt – wie der Name schon sagt – aus Südfrankreich. Dort wachsen die verschiedenen Kräuter wie Lorbeer, Majoran, Rosmarin, Salbei und Thymian auf kargen, oft steinübersäten Flächen. Keine andere Gewürzmischung läßt sich so gut mit verschiedenen Nahrungsmitteln wie Gemüse und Pilzen, Fisch und Fleisch, Geflügel und Wild, kombinieren. Zudem sagt man den provençalischen Kräutern eine wohltuende Wirkung auf Magen, Darm und Lunge nach.

Gemischter Gemüseauflauf

würzig

- *Für 4 Personen*
- *Zubereitung: ca. 1 1/2 Std.*
- *ca. 400 kcal je Portion*
- *Dazu paßt grüner Salat*

ZUTATEN

400 g Karotten
400 g Kohlrabi
400 g Kartoffeln
400 g Zucchini
400 g frische Champignons
1 EL Öl
2 Knoblauchzehen
400 g saure Sahne
1 TL Currypulver
2 TL Kräutersalz
1 TL getrockneter Thymian
1 TL edelsüßes Paprikapulver
2 Msp. Cayennepfeffer
200 g Mozzarella

1. Die Karotten mit einem Sparschäler schälen, waschen und trockentupfen. Den Kohlrabi putzen und waschen. Die Stiele und Blätter entfernen und die Knollen schälen.

2. Die Kartoffeln schälen und waschen. Die Zucchini putzen, waschen und mit Küchenkrepp trockenreiben. Das gesamte Gemüse mit einer Gemüsereibe grob in eine Schüssel reiben. Den Backofen auf 200 °C vorheizen.

3. Die Champignons putzen, waschen und trockenreiben. Die Pilze in Scheiben schneiden und zu dem Gemüse geben. Das Ganze miteinander vermengen.

4. Eine feuerfeste Form (37 cm lang) mit Öl ausfetten und die Gemüsemischung hineingeben.

5. Die Knoblauchzehen schälen und durch eine Presse drücken. Etwa 1/4 l Wasser mit der sauren Sahne verquirlen und das Ganze mit Currypulver, Kräutersalz, Thymian, Paprikapulver, Knoblauch und Cayennepfeffer würzen.

6. Die Sauce über das Gemüse gießen. Die Form mit Alufolie abdecken und den Auflauf im Backofen auf der mittleren Einschubleiste etwa 45 Minuten garen.

7. Zum Schluß den Auflauf mit Mozzarellascheiben belegen und nochmals kurz überbacken, bis der Käse geschmolzen ist.

CAYENNEPFEFFER

Die auch Roter oder Spanischer Pfeffer genannte Pflanze ist keine Pfefferart, sondern ein mit dem Paprika verwandtes Nachtschattengewächs. Die kleinen Schoten heißen frisch Chilis oder Peperoni und im getrockneten Zustand Cayennepfeffer. Das höllisch scharfe Gewürz wird häufig zusammen mit anderen getrockneten, gemahlenen Gewürzen in verschiedensten aromatischen Mischungen angeboten.

Auberginenpfanne mit Feta

einfach

- *Für 4 Personen*
- *Zubereitung: ca. 20 Min.*
- *ca. 590 kcal je Portion*

ZUTATEN

1 Aubergine (ca. 350 g)
1 rote Paprikaschote
1 Gewürzgurke
150 g Feta
2-3 EL kaltgepreßtes Olivenöl, z. B. von Mazola
370 g zerkleinerte Tomaten mit Zwiebeln und Knoblauch (z. B. von Knorr)
2 EL saure Sahne
Pfeffer
edelsüßes Paprikapulver
2 Zweige Thymian

1. Die Aubergine putzen, waschen und in etwa 1/2 cm dicke Scheiben schneiden. Die Paprikaschote putzen, waschen, halbieren und entkernen. Die Paprikaschote, die Gewürzgurke und den Feta in Würfel schneiden.

2. Das Olivenöl in einer Pfanne erhitzen. Die Auberginenscheiben hineingeben und im heißen Öl anbraten. Die Paprikawürfel zu den Auberginen geben und dünsten. Die Tomatenmischung und die saure Sahne sowie Pfeffer und Paprikapulver hinzufügen und das Ganze bei mittlerer Hitze unter gelegentlichem Umrühren etwa 5 Minuten garen.

3. Die Gurken- und die Fetawürfel unter die Gemüsemischung heben und heiß werden lassen. Den Herd ausschalten.

4. Den Thymian verlesen und waschen. Die Blätter von den Stielen zupfen. Die Gemüsemischung auf 4 Teller verteilen und vor dem Servieren die Thymianblätter darüberstreuen.

(auf dem Foto)

Kaponata-Gemüsepfanne

italienisch

- *Für 4 Personen*
- *Zubereitung: ca. 1 Std.*
- *ca. 290 kcal je Portion*
- *Dazu paßt Fladenbrot*

ZUTATEN

1 Stange Staudensellerie
1 große Aubergine (ca. 350 g)
1 große Gemüsezwiebel (ca. 250 g)
2 Knoblauchzehen
2 Fleischtomaten
125 g Mozzarella
4 El kaltgepreßtes Olivenöl
Salz
schwarzer Pfeffer
100 g schwarze und grüne Oliven
75 ml Weißwein
1 Bund Basilikum
25 g Kapern

1. Den Staudensellerie putzen, waschen, trockentupfen und in Würfel schneiden. Die Aubergine putzen, waschen, trockentupfen und würfeln. Die Zwiebel schälen und grob würfeln. Die Knoblauchzehen schälen und durch eine Knoblauchpresse drücken.

2. Die Tomaten über Kreuz einritzen, kurz überbrühen, abschrecken und enthäuten. Sie dann vierteln, von den Stielansätzen befreien und entkernen. Die Tomaten in Würfel schneiden. Den Mozzarella abtropfen lassen und ebenfalls würfeln.

3. Das Olivenöl in einem großen Topf erhitzen. Sellerie-, Auberginen-, Zwiebel- und Knoblauchwürfel dazugeben und im heißen Öl etwa 5 Minuten anbraten. Das Gemüse mit Salz und Pfeffer würzen.

4. Die Tomaten- und Mozzarellawürfel sowie die Oliven hinzufügen und den Wein angießen. Das Gemüse bei mittlerer Hitze zugedeckt nochmals etwa 5 Minuten garen, bis der Käse geschmolzen ist, und dann vom Herd nehmen.

5. Inzwischen das Basilikum waschen und trockentupfen. Die Blätter von den Stielen zupfen. Einige Blätter zum Garnieren beiseite legen, die restlichen Blätter kleinschneiden. Die zerkleinerten Blätter zusammen mit den Kapern unter das Gemüse heben und das Ganze mit den restlichen Basilikumblättern garnieren.

STAUDENSELLERIE

Der bei uns auch unter dem Namen Bleich- oder Stangensellerie bekannte Staudensellerie ist eine Zuchtform des Selleries, bei dem die Stauden durch Hüllen vor Licht geschützt werden. So bleiben sie weiß, zart und aromatisch. Staudensellerie ist sowohl roh als auch gedünstet vielseitig zu verwenden. Beim Einkaufen erkennt man frischen Sellerie an den knackigen Stangen, die keine Flecken aufweisen, sowie an den frischen Blättern.

Gefüllte Pfannkuchen mit Mozzarella

mild

- *Für 4 Personen*
- *Zubereitung: ca. 50 Min.*
- *ca. 490 kcal je Portion*

ZUTATEN

2 Eier, Salz, 75 g Mehl
1/2 TL Backpulver
100 ml Milch
150 g Cabanossi
3 bunte Paprikaschoten
2 Zwiebeln
2 Knoblauchzehen
125 g Mozzarella, 2 EL Öl
4 EL gehackter Oregano
1 TL Tomatenmark
1 EL Tomatenketchup
500 g Pizzatomaten aus der Dose, schwarzer Pfeffer
edelsüßes Paprikapulver

1. Aus Eiern, etwas Salz, Mehl und Backpulver, Milch und 75 ml Wasser einen glatten Teig herstellen. Diesen etwa 30 Minuten quellen lassen.

2. Die Cabanossi in Scheiben schneiden. Die Paprikaschoten putzen, waschen, entkernen und kleinschneiden. Zwiebeln schälen und würfeln, Knoblauch schälen und zerdrücken. Den Mozzarella in Scheiben schneiden. Den Ofen auf 200 °C vorheizen.

3. 1 Eßlöffel Öl erhitzen. Die Zwiebeln darin glasig dünsten, Knoblauch, Paprikaschoten, Cabanossi und 3 Eßlöffel Oregano dazugeben. Alles etwa 2 Minuten braten. Tomatenmark, Ketchup und Tomatenfruchtfleisch hinzufügen. Alles etwa 5 Minuten zugedeckt köcheln lassen, mit Gewürzen abschmecken.

4. 1 Eßlöffel Öl in einer Pfanne erhitzen. Nacheinander 4 Pfannkuchen backen. Sie mit der Füllung bestreichen, aufrollen und in eine feuerfeste Form geben. Sie mit dem Käse belegen, im Ofen etwa 15 Minuten überbacken und mit Oregano garnieren.

Spitzkohl-Karotten-Auflauf mit Gorgonzola

deftig

- *Für 4 Personen*
- *Zubereitung: ca. 1 Std.*
- *ca. 450 kcal je Portion*

ZUTATEN

750 g Spitzkohl
Salz
1 Bund junge Karotten
350 g Schweinefilet
2 EL Butter
weißer Pfeffer
125 g süße Sahne
1/8 l Gemüsebrühe
1 EL heller Soßenbinder
150 g Gorgonzola
geriebene Muskatnuß
2 EL Schnittlauchröllchen

1. Vom Spitzkohl die äußeren Blätter und den harten Strunk entfernen. Ihn in einzelne Blätter zerteilen und diese in feine Streifen schneiden. Die Kohlstreifen etwa 10 Minuten in kochendem Salzwasser blanchieren. Die Karotten putzen, schälen und waschen. Sie in kochendem Salzwasser 8 bis 10 Minuten garen. Den Backofen auf 200 °C vorheizen.

2. Das Filet in dicke Scheiben schneiden. Die Butter in einer Pfanne erhitzen und die Filetscheiben von jeder Seite 1 bis 2 Minuten darin anbraten. Sie salzen, pfeffern und aus der Pfanne nehmen.

3. Den Bratensatz mit der Sahne und der Brühe ablöschen und aufkochen. Den Saucenbinder einrühren und alles nochmals aufkochen lassen. 50 g Gorgonzola in die Sauce geben und schmelzen lassen. Das Ganze mit Pfeffer und Muskatnuß würzen.

4. Den Kohl zusammen mit Karotten und Fleisch in eine Auflaufform geben und mit Sauce begießen. Den restlichen Gorgonzola würfeln und darüberstreuen. Das Ganze auf mittlerer Einschubleiste etwa 20 bis 30 Minuten backen. Das Gratin mit Schnittlauch bestreuen und sofort servieren.

Champignonpfanne mit Feta

würzig

- *Für 4 Personen*
- *Zubereitung: ca. 40 Min.*
- *ca. 230 kcal je Portion*
- *Dazu paßt frisches Baguette*

ZUTATEN

1 kg Champignons
3 Zwiebeln
3-4 Knoblauchzehen
3-4 EL kaltgepreßtes Olivenöl
100 g schwarze Oliven
Salz
schwarzer Pfeffer
1 Bund glatte Petersilie
150 g Feta
grober Pfeffer

1. Die Champignons putzen, waschen und trockenreiben. Sie je nach Größe gegebenenfalls halbieren. Die Zwiebeln schälen und in Spalten schneiden. Die Knoblauchzehen schälen und fein hacken

2. Das Olivenöl in einer Pfanne erhitzen und die Champignons unter mehrmaligem Wenden 10 bis 15 Minuten im heißen Öl braten.

3. Die Zwiebelspalten, die Knoblauchstücke und die Oliven etwa 10 Minuten vor Ende der Bratzeit zu den Pilzen geben. Das Ganze mit Salz und Pfeffer würzen.

4. Die Petersilie waschen und mit Küchenkrepp trockentupfen. Die Blätter von den Stielen zupfen und fein hacken. Den Feta zerkrümeln.

5. Die Champignons auf 4 vorgewärmte Teller verteilen und die Fetastückchen darauf geben. Das Ganze mit der Petersilie und grob gemahlenem Pfeffer bestreuen und sofort servieren.

CHAMPIGNON

Der auf Feldern und Wiesen wachsende Champignon gehört zu den bekanntesten Pilzarten. Im Handel erhältlich sind heute vor allem Champignons aus Zuchtkulturen. Das kommt mit Sicherheit der Gesundheit des Verbrauchers zugute, da wildwachsende Champignons wie auch andere Pilzsorten oft hohe Kadmiumwerte aufweisen. Die alte Regel, daß Gerichte, die mit frischen Pilzen zubereitet wurden, nicht wieder aufgewärmt werden dürfen, hat heute im Zeitalter moderner Kühlschränke ihre Gültigkeit verloren. Dabei müssen jedoch drei wichtige Regeln beachtet werden:

1. Lassen Sie die Reste von Pilzgerichten möglichst rasch abkühlen.

2. Bewahren Sie diese Gerichte zugedeckt im Kühlschrank auf.

3. Erhitzen Sie sie beim Aufwärmen auf mindestens 70 °C.

VIALA

Mangold-Karotten-Auflauf

mal was anderes

- *Für 4 Personen*
- *Zubereitung: ca. 1 1/2 Std.*
- *ca. 630 kcal je Portion*

ZUTATEN

750 g Karotten, Salz
700 g Mangold
3 Zwiebeln
6-7 EL Butter
schwarzer Pfeffer
2 EL Mehl
1/4 l Gemüsebrühe
200 g Ricotta
250 g gekochte Schinkenwürfel
100 g geriebener Fontina (weicher italienischer Käse)

1. Die Karotten putzen, waschen und in Scheiben schneiden. Sie in kochendem Salzwasser etwa 5 Minuten überbrühen, abschrecken und abtropfen lassen.

2. Die Mangoldblätter von den Stielen trennen. Diese putzen, waschen und hacken. Die Blätter tropfnaß in einen Topf geben, bei mittlerer Hitze etwa 5 Minuten zusammenfallen lassen.

3. Die Zwiebeln schälen und hacken. 3 Eßlöffel Butter erhitzen, die Zwiebeln und die Mangoldstiele darin andünsten. Die Mangoldblätter dazugeben, alles 5 bis 10 Minuten dünsten, mit Salz und Pfeffer abschmecken. Den Backofen auf 200 °C vorheizen.

4. 3 Eßlöffel Butter erhitzen, das Mehl darin unter Rühren anschwitzen. Die Brühe dazugießen und unter Rühren aufkochen lassen. Den Ricotta einrühren. Die Sauce etwas dicklich einkochen lassen, mit Salz und Pfeffer abschmecken.

5. Eine Auflaufform (etwa 22 cm Ø) mit Butter ausfetten. Mangold, Schinken und Karotten hineinschichten. Alles mit Sauce begießen, mit Fontina bestreuen und auf mittlerer Einschubleiste 20 bis 30 Minuten überbacken.

Zucchini-Schinken-Gratin

schnell

- *Für 4 Personen*
- *Zubereitung: ca. 30 Min.*
- *ca. 420 kcal je Portion*

ZUTATEN

800 g Zucchini
Salz
2 Bund glatte Petersilie
250 g gekochter Schinken
1 EL Butter
schwarzer Pfeffer
200 g Gorgonzola

1. Von den Zucchini die Enden knapp abschneiden. Sie waschen und längs halbieren. Die Zucchinihälften in einen Topf geben und knapp mit Salzwasser bedecken. Sie zugedeckt etwa 15 Minuten bei mittlerer Temperatur dünsten. Den Backofen auf 200 °C vorheizen.

2. Inzwischen die Petersilie verlesen und waschen. Die Blätter von den Stielen zupfen und fein hacken. Den Schinken in schmale Streifen schneiden.

3. Eine feuerfeste Form (etwa 37 cm lang) mit der Butter ausfetten.

4. Die Zucchini aus dem Topf nehmen und gut abtropfen lassen. Sie in die Form legen und mit etwas Pfeffer aus der Mühle würzen. Die Petersilie und die Schinkenstreifen darüberstreuen.

5. Den Gorgonzola zerbröckeln. Die Käsestückchen auf die Zucchini verteilen und das Zucchini-Schinken-Gratin im Ofen auf der zweiten Einschubleiste von oben etwa 20 Minuten überbacken.

Auberginenauflauf

mediterran

- *Für 4 Personen*
- *Zubereitung: ca. 2 1/4 Std.*
- *ca. 640 kcal je Portion*
- *Dazu paßt Fladenbrot*

ZUTATEN

Für die Sauce

1 kg reife Tomaten
2 Knoblauchzehen
5-6 EL fein geschnittenes Basilikum
Salz
schwarzer Pfeffer

Für die Auberginen

1 kg Auberginen
9 EL kaltgepreßtes Olivenöl
300 g Mozzarella
2 hartgekochte Eier
100 g geriebener Parmesan

Außerdem

1 EL Olivenöl für die Form

1. Die Tomaten über Kreuz einritzen, kurz überbrühen, abschrecken und enthäuten. Sie dann vierteln, von den Stielansätzen befreien und entkernen. Das Fruchtfleisch in kleine Würfel schneiden. Den Knoblauch schälen und durch eine Presse drücken.

2. Die Tomatenwürfel in einen Topf geben und erhitzen. Den Knoblauch zusammen mit 2 Eßlöffeln Basilikumstreifen unterrühren. Die Sauce sämig einkochen lassen, salzen und pfeffern.

3. Von den Auberginen die Enden knapp abschneiden. Sie waschen, trockentupfen und längs in etwa 1/2 cm dicke Scheiben schneiden.

4. Das Öl in einer Pfanne erhitzen. Die Auberginenscheiben portionsweise hineingeben und anbraten. Sie herausnehmen und auf Küchenkrepp abtropfen lassen. Den Ofen auf 180 °C vorheizen.

5. Den Mozzarella abtropfen lassen und in Scheiben schneiden. Die Eier abpellen und ebenfalls in Scheiben schneiden. Eine Auflaufform (etwa 37 cm lang) mit 1 Eßlöffel Olivenöl ausfetten.

6. 2 Eßlöffel Parmesan zum Bestreuen beiseite stellen. Die Auberginen-, Eier- und Mozzarellascheiben fächerartig in die Form legen. Zwischen die einzelnen Stücke etwas Tomatensauce und Parmesan geben. Abschließend die restliche Sauce und den restlichen Parmesan sowie die übrigen Basilikumstreifen darüber verteilen.

7. Den Auflauf im Backofen auf der mittleren Einschubleiste etwa 40 Minuten garen und vor dem Servieren mit dem beiseite gestellten Parmesan bestreuen.

TIP

Reife Auberginen erkennen Sie an der matten Schale. Sie geben auf Druck leicht nach. Verändert sich die Farbe von Dunkelpurpur zu Violett, sind die Früchte bereits überreif und damit innen oft stark schwammig. Kleine Früchte sind in der Regel weniger bitter als große.

Paprikaschoten mit Feta

aromatisch

- *Für 4 Personen*
- *Zubereitung: ca. 30 Min.*
- *ca. 390 kcal je Portion*
- *Dazu paßt Safranreis*

ZUTATEN

2 grüne Paprikaschoten
4 El Sonnenblumenöl
2 Knoblauchzehen
200 g Feta
25 g geriebener Parmesan
2 Eier
1 EL gehackte Petersilie
Salz
schwarzer Pfeffer

1. Die Paprikaschoten waschen und trockentupfen. Sie längs halbieren, vom Stielansatz befreien und entkernen.

2. 3 Eßlöffel Sonnenblumenöl erhitzen und die Schotenhälften im heißen Öl auf allen Seiten anbraten. Sie herausnehmen und auf Küchenkrepp abtropfen lassen.

3. Den Knoblauch schälen und durch eine Knoblauchpresse drücken. Den Feta zerkleinern und zusammen mit Parmesan, Eiern, Petersilie und Knoblauch gut vermischen. Das Ganze mit Salz und Pfeffer kräftig würzen. Den Backofen auf 200 °C vorheizen.

4. Die Paprikaschoten mit der Fetamasse füllen. Eine Auflaufform (etwa 37 cm lang) mit 1 Eßlöffel Öl ausfetten. Die gefüllten Paprikahälften in die Form setzen und das Ganze auf der mittleren Einschubleiste in etwa 20 Minuten garen.

(auf dem Foto)

TIP

- ***Falls die Knoblauchzehen im Inneren einen grünen Trieb aufweisen, sollten Sie diesen entfernen, da er die Speisen bitter macht.***

Crespelle mit Spinat und Ricotta

vollmundig

- *Für 4 Personen*
- *Zubereitung: ca. 1 1/2 Std.*
- *ca. 650 kcal je Portion*
- *Dazu paßt Tomatensalat*

ZUTATEN

Für die Crespelle

4 Eier
Salz
250 g Mehl
1 Msp. Backpulver
1/4 l Milch
1/8 l Mineralwasser
4-5 EL Butter

Für die Füllung

600 g Blattspinat
1 mittelgroße Zwiebel
1-2 Knoblauchzehen
2 EL kaltgepreßtes Olivenöl
1/8 l Gemüsebrühe
Salz
schwarzer Pfeffer
abgeriebene Muskatnuß
200 g Ricotta
4 EL geriebener Parmesan

Außerdem

1 EL Butter für die Form

1. Für die Crespelle die Eier in einem Rührgefäß schaumig schlagen. Etwas Salz, das Mehl und das Backpulver miteinander vermischen. Die Mischung auf die Eimasse sieben und untermengen. Die Milch dazugeben und das Ganze zu einem glatten Teig rühren. Diesen etwa 30 Minuten quellen lassen.

2. Inzwischen den Spinat verlesen und putzen. Ihn mehrmals gründlich waschen und dann gut abtropfen lassen.

3. Die Zwiebel und den Knoblauch schälen. Die Zwiebel fein würfeln, den Knoblauch durch eine Knoblauchpresse drücken.

4. Das Olivenöl in einem Topf erhitzen. Die Zwiebel- und Knoblauchwürfel darin glasig dünsten und den Spinat dazugeben. Das Ganze mit der Brühe aufgießen und kurz aufkochen lassen, bis der Spinat zusammenfällt. Den Spinat mit Salz, Pfeffer und Muskatnuß würzen, in ein Sieb geben und abtropfen lassen. Den Ricotta grob zerbröckeln.

5. Den Backofen auf 220 °C vorheizen. Das Mineralwasser in den Teig rühren. Etwas Butter in einer großen Pfanne erhitzen, etwa 1/5 des Teiges hineingeben und 1 goldgelben Pfannkuchen ausbacken. Nacheinander 4 weitere Pfannkuchen backen.

6. Den Spinat zusammen mit dem Ricotta auf die Pfannkuchen verteilen. Diese aufrollen und schräg in ca. 1 1/2 cm dicke Scheiben schneiden.

7. Eine feuerfeste Form (etwa 37 cm lang) mit Butter ausfetten. Die Pfannkuchenscheiben versetzt hineinlegen und mit dem Parmesan bestreuen. Das Ganze auf der mittleren Einschubleiste 15 bis 20 Minuten überbacken und sofort servieren.

TIP

Reichen Sie zu den Crespelle am besten eine selbstgemachte Tomatensauce (Rezept Seite 58).

Kartoffel-Auberginen-Zucchini-Auflauf

einfach

- *Für 4 Personen*
- *Zubereitung: ca. 1 1/2 Std.*
- *ca. 630 kcal je Portion*

ZUTATEN

1 Aubergine (ca. 450 g)
Salz
500 g Zucchini
600 g Kartoffeln
8 EL Öl
250 g Feta
1/2 Bund Thymian
6 EL Butter
3 EL Mehl
1/4 l Gemüsebrühe
1/4 l Milch
1 Eigelb
weißer Pfeffer
abgeriebene Muskatnuß
2 EL Paniermehl

1. Die Aubergine putzen, waschen und trockentupfen. Sie in etwa 1 cm dicke Scheiben schneiden. Alle Scheiben salzen und auf einem Brett zwischen 2 Lagen Küchenkrepp legen.

2. Die Zucchini putzen, waschen, trockentupfen und schräg in dünne Scheiben schneiden. Die Kartoffeln schälen, waschen und ebenfalls in dünne Scheiben schneiden.

3. Das Öl in einer Pfanne erhitzen und die Auberginenscheiben darin portionsweise goldbraun braten. Sie herausnehmen und auf Küchenkrepp abtropfen lassen.

4. Den Feta zerbröckeln. Den Thymian waschen und trockentupfen. Die Blätter von den Stielen zupfen, einen Teil davon beiseite legen. Den Backofen auf 200 °C vorheizen.

5. Für die Béchamelsauce 3 Eßlöffel Butter in einem Topf erhitzen und das Mehl darin anschwitzen. Die Brühe und die Milch unter Rühren angießen und alles etwa 5 Minuten zugedeckt köcheln lassen. Das Eigelb zusammen mit wenig heißer Sauce verrühren und dazugeben. Die Sauce mit Salz, Pfeffer und Muskatnuß würzen.

6. Eine flache Auflaufform (etwa 22 cm Ø) mit 1 Eßlöffel Butter ausfetten. Die Kartoffelscheiben in die Form geben. Sie mit wenig Thymian, Salz, Pfeffer und dem Schafskäse bestreuen und die Hälfte der Béchamelsoße darübergießen.

7. Die Zucchini- und Auberginenscheiben zusammen mit dem Käse in die Form schichten, dabei die oberste Schicht aus Zucchini- und Auberginenscheiben legen. Den übrigen Käse in die Mitte streuen und den Auflauf mit der restlichen Sauce überziehen. Das Ganze mit Paniermehl bestreuen und mit 2 Eßlöffeln Butter in Flöckchen belegen.

8. Den Auflauf auf der mittleren Einschubleiste etwa 40 Minuten garen und vor dem Servieren mit den Thymianblättern bestreuen.

(auf dem Foto)

Zucchinifrikadellen

mild

- *Für 4 Personen*
- *Zubereitung: ca. 1 1/2 Std. (plus ca. 1 1/2 Std. Abtropfzeit, plus ca. 45 Min. Zeit zum Durchziehen)*
- *ca. 490 kcal je Portion*

ZUTATEN

300 g Zucchini
6 EL Mehl
1 mittelgroße Kartoffel
100 g Feta
5 El geriebener Parmesan
4 EL Semmelbrösel
3 Eier
1 EL gehackte Pfefferminze
schwarzer Pfeffer
7 EL kaltgepreßtes Olivenöl

1. Die Zucchini putzen und schälen. Sie mit einer Gemüsereibe fein reiben und dann zusammen mit 4 Eßlöffeln Mehl vermischen. Die Zucchini-Mehl-Masse in ein Sieb geben und etwa 90 Minuten abtropfen lassen.

2. Inzwischen die Kartoffel in kochendem Wasser garen. Sie dann schälen und pürieren. Den Schafskäse zerbröckeln.

3. Die Zucchini-Mehl-Masse durch ein Passiertuch gut auspressen und mit der pürierten Kartoffel, Feta, Parmesan und Semmelbröseln sowie Eiern, Pfefferminze und Pfeffer vermengen.

4. Das Ganze zu einer kompakten Masse verarbeiten und diese im Kühlschrank etwa 45 Minuten ziehen lassen.

5. Danach aus der Zucchini-Masse mit angefeuchteten Händen Frikadellen formen.

6. Das Olivenöl in einer großen Pfanne erhitzen. Die Zucchinifrikadellen in den restlichen 2 Eßlöffeln Mehl wenden und im heißen Öl bei mittlerer Hitze goldbraun braten. Sie dann herausnehmen und auf Küchenkrepp abtropfen lassen. Die Frikadellen heiß oder kalt servieren.

Auberginenröllchen in Tomatensauce

italienisch

- *Für 4 Personen*
- *Zubereitung: ca. 1 1/2 Std.*
- *ca. 690 kcal je Portion*

ZUTATEN

1 kg reife Tomaten
1 Zwiebel
3 Knoblauchzehen
320 ml kaltgepreßtes Olivenöl
Salz, weißer Pfeffer
Zucker
600 g Auberginen
3 EL Semmelbrösel
4 EL gehackte Petersilie
4 EL fein geschittenes Basilikum
4 EL geriebener Pecorino
150 g Mozzarella

1. Die Tomaten kreuzweise einritzen, überbrühen, abschrecken, enthäuten, entkernen und würfeln. Zwiebel und Knoblauch schälen. Zwiebel und 2 Knoblauchzehen sehr fein hacken, 1 Knoblauchzehe zerdrücken.

2. 1/4 l Öl zusammen mit Tomaten, Zwiebel und zerdrücktem Knoblauch in einen Topf geben, mit Salz, Pfeffer und etwas Zucker würzen und die Tomatensauce zugedeckt bei mittlerer Hitze etwa 30 Minuten schmoren lassen.

3. Die Auberginen putzen, waschen, trockentupfen und längs in etwa 1/2 cm dicke Scheiben schneiden.

4. 1 Eßlöffel Öl in einem Topf erhitzen und die Semmelbrösel darin anrösten. Kräuter, gehackten Knoblauch und Pecorino untermischen. 2 Eßlöffel Öl einrühren und die Paste salzen und pfeffern.

5. Den Mozzarella abtropfen lassen und in dünne Scheiben schneiden. Die Auberginen mit Kräuterpaste bestreichen, mit Mozzarellascheiben belegen, aufrollen und mit Holzspießchen zusammenstecken.

6. Restliches Öl erhitzen und die Auberginenröllchen darin rundum knusprig braten. Sie pfeffern und zusammen mit der Tomatensauce servieren.

Überbackene Tomaten

würzig

- *Für 4 Personen*
- *Zubereitung: ca. 40 Min.*
- *ca. 590 kcal je Portion*
- *Dazu paßt italienisches Brot*

ZUTATEN

6 große Fleischtomaten
250 g Mozzarella
1 Bund Basilikum
1 Bund Oregano
3 EL Sonnenblumenkerne
Salz
Cayennepfeffer
1 EL kaltgepreßtes Olivenöl

1. Die Fleischtomaten waschen und trockentupfen. Die Stielansätze großzügig keilförmig herausschneiden.

2. Den Backofen auf 200 °C vorheizen. Den Mozzarella abtropfen lassen und in kleine Würfel schneiden.

3. Das Basilikum und den Oregano verlesen und waschen. Die Blätter von den Stielen zupfen. Die Basilikumblätter in feine Streifen schneiden, die Oreganoblätter fein hacken. Jeweils einen Teil der zerkleinerten Kräuter für die Garnitur beiseite legen. Die Sonnenblumenkerne grob hacken.

4. Die Mozzarellawürfel zusammen mit Basilikum, Oregano und Sonnenblumenkernen vermischen. Das Ganze mit Salz und Cayennepfeffer würzen.

5. Eine Auflaufform mit dem Olivenöl ausfetten. Die Tomaten in die Form setzen und die Mozzarellamischung darauf verteilen. Das Ganze auf der mittleren Einschubleiste etwa 20 Minuten überbacken, eventuell zwischendurch mit Alufolie zudecken. Die überbackenen Tomaten vor dem Servieren mit den Kräutern bestreuen.

Hähnchenrouladen mit Käsesauce

schnell

- *Für 4 Personen*
- *Zubereitung: ca. 30 Min.*
- *ca. 380 kcal je Portion*
- *Dazu passen Vollkornbrot und Feldsalat*

ZUTATEN

4 Hähnchenbrustfilets
Salz
schwarzer Pfeffer
2 Msp. gemahlener Koriander
4 dünne Scheiben Parmaschinken
12 Salbeiblätter
2 EL Öl
160 g Gorgonzola
100 ml Milch
2 EL trockener Sherry

1. Die Hähnchenbrustfilets gegebenenfalls von Haut- und Sehnenresten befreien, unter fließendem, kaltem Wasser waschen und trockentupfen. Die Filets etwas flachklopfen und jeweils von beiden Seiten mit Salz, Pfeffer und Koriander bestreuen.

2. Die Filets jeweils mit 1 Scheibe Parmaschinken und 3 Salbeiblättern belegen. Sie zusammenrollen und mit Zahnstochern zusammenstecken.

3. Das Öl in einer Pfanne erhitzen und die Rouladen darin rundum scharf anbraten. Sie dann bei mittlerer Hitze unter Wenden noch etwa 5 Minuten weiterbraten. Die Pfanne vom Herd nehmen und die Rouladen abkühlen lassen.

4. Den Gorgonzola zusammen mit der Milch und dem Sherry in einem Mixgerät oder mit dem Pürierstab eines Handrührgeräts pürieren. Die Sauce mit Pfeffer abschmekken. Die Hähnchenrouladen und die Gorgonzolasauce getrennt servieren.

TIP

- *Sie können das Rezept auch variieren: Nehmen Sie anstelle des Hähnchenfleischs zwei Kalbsschnitzel und schmecken Sie die Sauce anstatt mit Sherry mit 1 Eßlöffel Cognac oder Whiskey ab.*

KORIANDER

Koriander gehört zu derselben Familie wie Petersilie, Kümmel, Dill und Fenchel. Seine zarten, fedrigen Blätter haben ein einzigartig intensives Aroma. Gehackter Koriander paßt gut zu Geflügel-, Lamm- und Gemüsegerichten sowie zu asiatischen Salaten. Vielseitige Verwendung in der Küche finden Koriandersamen. Die ganzen Körner lassen sich für die Herstellung von Pickles und Marinaden verwenden. Gemahlen passen sie gut zu Fisch, Fleisch und Geflügel.

Schweinerouladen mit Fetafüllung

deftig

- *für 4 Personen*
- *Zubereitung: ca. 45 Min.*
- *ca. 700 kcal je Portion*

ZUTATEN

3 1/2 EL Paprikamark
1/3 TL Sambal Oelek
3 Zucchini (ca. 500 g)
70 g Feta
4 Schweinerouladen (à 150 g)
350 g Langkornreis
Salz
2 EL Öl
1/4 l heiße klare Brühe
2-3 EL Thymianblättchen
90 g süße Sahne
1 1/2 EL heller Saucenbinder

1. Paprikamark und Sambal Oelek miteinander verrühren. Die Zucchini putzen und waschen. 2 Zucchini längs in dünne Scheiben schneiden, 1 Zucchini würfeln. Den Käse grob zerbröckeln.

2. Die Rouladen je mit etwa 2/3 der Sambal-Mischung bestreichen, mit Zucchinischeiben belegen und mit Feta bestreuen. Sie fest aufrollen, dabei seitlich etwas einschlagen, und eventuell mit Spießchen feststecken.

3. Den Reis in etwa 700 ml Salzwasser zum Kochen bringen und zugedeckt bei geringer Hitze in etwa 20 Minuten ausquellen lassen.

4. Das Öl erhitzen, die Rouladen darin von allen Seiten 6 bis 8 Minuten goldbraun anbraten. Die Brühe und 1/3 Sambal-Mischung dazugeben, alles aufkochen und zugedeckt etwa 40 Minuten schmoren lassen.

5. Zucchiniwürfel und Thymian etwa 5 Minuten vor Ende der Garzeit zum Reis geben.

6. Die Rouladen aus dem Fond nehmen und warm stellen. Sahne und Saucenbinder in den Fond einrühren. Die Sauce aufkochen und mit Salz und Sambal Oelek abschmecken.

(auf dem Foto)

Koteletts mit Gorgonzola

aromatisch

- *Für 4 Personen*
- *Zubereitung: ca. 45 Min.*
- *ca. 630 kcal je Portion*

ZUTATEN

750 g Karotten
1/2 Bund Majoran
1/2 Bund glatte Petersilie
1/2 Bund Schnittlauch
3-4 EL Öl
4 Schweinekoteletts (à ca. 200 g)
Salz
Pfeffer
4 EL Weinbrand
1/8 l trockener Weißwein
100 g Gorgonzola
2 EL heller Saucenbinder
2 EL Butter
1 Packung Kartoffelpüree (à 4 Portionen für 1/2 l Wasser)
1/4 l Milch
abgeriebene Muskatnuß

1. Die Karotten putzen, schälen, waschen und trockentupfen. Die Karotten in Stifte schneiden.

2. Majoran, Petersilie und Schnittlauch verlesen und waschen. Die Majoran- und Petersilienblätter von den Stielen zupfen und getrennt fein hacken. Einige Majoranblätter für die Garnitur beiseite stellen. Den Schnittlauch in Röllchen schneiden. Den Backofen auf 200 °C vorheizen.

3. Das Öl in einer großen Pfanne erhitzen und die Koteletts darin auf jeder Seite etwa 6 Minuten braten. Sie mit Salz, Pfeffer und Majoran würzen und aus der Pfanne nehmen.

4. Den Bratensatz mit dem Weinbrand, 1/8 l Wasser und dem Weißwein ablöschen und etwas einkochen lassen. Die Hälfte des Gorgonzolas in die Sauce bröckeln und darin schmelzen lassen. Den Saucenbinder nach und nach einrühren und alles nochmals aufkochen. Die Sauce mit Salz und Pfeffer abschmecken.

5. Eine feuerfeste Form (etwa 37 cm lang) mit 1 Eßlöffel Butter ausfetten und die Koteletts hineinlegen. Etwas Sauce darübergießen und den restlichem Gorgonzola darüberstreuen. Das Ganze auf der zweiten Einschubleiste von oben etwa 10 Minuten überbacken.

6. Inzwischen die Karotten in wenig kochendem Salzwasser 10 bis 15 Minuten dünsten.

7. Für das Püree 1/2 l Wasser zusammen mit 1/2 Teelöffel Salz in einem Topf aufkochen. Die kalte Milch und 1 Eßlöffel Butter dazugeben und die Püreeflocken einstreuen. Das Ganze 1 Minute stehen lassen, dann nochmals durchrühren und anschließend mit Muskat würzen.

8. Die überbackenen Koteletts, das Karottengemüse und das Püree auf 4 Tellern anrichten. Das Ganze mit den gehackten Kräutern und den Schnittlauchröllchen bestreuen und servieren.

Überbackene Kalbsschnitzel

fein

- *Für 4 Personen*
- *Zubereitung: ca. 1 1/4 Std.*
- *ca. 540 kcal je Portion*

ZUTATEN

750 g Tomaten
1 Zwiebel
1 Bund Basilikum
800 g Kartoffeln
8 EL Butter
200 ml klare Brühe
1 kg Brokkoli
1 EL Tomatenketchup
Salz
weißer Pfeffer
125 g Mozzarella
6 dünne Scheiben Kalbsschnitzel (à ca. 100 g)
2-3 EL Öl
2 TL Rosmarinnadeln
abgeriebene Muskatnuß
bunter Pfeffer

1. Die Tomaten waschen und trockentupfen. 2 Tomaten in Scheiben schneiden, die anderen fein würfeln. Die Zwiebel schälen und würfeln. Das Basilikum verlesen und waschen. Die Blätter abzupfen. Einige Blätter beiseite stellen, die anderen zerschneiden. Die Kartoffeln schälen, waschen und längs vierteln.

2. 2 Eßlöffel Butter in einem Topf erhitzen und die Zwiebelwürfel darin glasig dünsten. Die Tomatenwürfel dazugeben und die klare Brühe angießen. Das Ganze bei kleiner Hitze etwa 10 Minuten offen köcheln lassen.

3. Inzwischen den Brokkoli putzen, waschen und in kleine Röschen teilen.

4. Die Tomatensauce mit Ketchup, Salz und Pfeffer abschmecken und die Basilikumstreifen hineinrühren. Den Mozzarella abtropfen lassen und in Scheiben schneiden.

5. Die Schnitzel halbieren. Das Öl in einer Pfanne erhitzen, das Fleisch darin etwa 1 Minute auf jeder Seite braten, salzen, pfeffern und wieder herausnehmen.

6. 3 Eßlöffel Butter in der Pfanne erhitzen und die Kartoffeln darin 8 bis 10 Minuten goldbraun braten. Die Rosmarinnadeln kurz vor Ende der Bratzeit zu den Kartoffeln in die Pfanne geben. Die fertig gebratenen Kartoffeln mit Salz und Pfeffer würzen. Den Backofen auf 240 °C mit Grillstufe vorheizen.

7. Den Brokkoli in wenig kochendem Salzwasser 6 bis 8 Minuten dünsten. Ihn dann herausnehmen und abtropfen lassen. Inzwischen eine feuerfeste Form (etwa 37 cm lang) mit 1 Eßlöffel Butter ausfetten. Die Schnitzel zusammen mit den Tomaten- und Mozzarellascheiben fächerförmig in die Form schichten und das Ganze 2 bis 3 Minuten unter dem Grill überbacken.

8. 2 Eßlöffel Butter im Topf schmelzen lassen, den Brokkoli darin schwenken und mit Muskatnuß würzen. Die Schnitzel zusammen mit der Sauce, dem Brokkoli und den Kartoffeln servieren, dabei das Fleisch mit buntem Pfeffer bestreuen und mit Basilikum garnieren.

(auf dem Foto)

Hackbraten mit Käse

würzig

- *Für 4 Personen*
- *Zubereitung: ca. 1 1/2 Std.*
- *ca. 830 kcal je Portion*
- *Dazu passen Fladenbrot und Krautsalat*

ZUTATEN

1 Bund Frühlingszwiebeln
1 Bund glatte Petersilie
2 EL Öl
2 Knoblauchzehen
750 g gemischtes Rinder- und Schweinehackfleisch
2 Eier
Salz
schwarzer Pfeffer
200 g Gouda
100 g Feta

1. Den Backofen auf 200 °C vorheizen. Die Frühlingszwiebeln putzen, waschen, trockentupfen und in feine Ringe schneiden. Die Petersilie waschen und trockentupfen. Die Blätter von den Stielen zupfen und fein hacken.

2. 1 Eßlöffel Öl in einer Pfanne erhitzen und die Zwiebelringe darin andünsten. Den Knoblauch schälen und durch eine Knoblauchpresse zu den Frühlingszwiebeln drücken. Das Ganze vom Herd nehmen und etwas abkühlen lassen.

3. Die Zwiebeln zusammen mit dem Hackfleisch, den Eiern, etwas Salz und Pfeffer sowie der Petersilie in eine Schüssel geben. Das Ganze zu einem Teig verarbeiten.

4. Den Gouda und den Feta fein würfeln und die Käsewürfel unter den Hackfleischteig mischen. Die Masse mit angefeuchteten Händen zu einem länglichen Laib formen.

5. Einen Bräter mit 1 Eßlöffel Öl ausfetten und den Hackfleischlaib hineinlegen. Das Ganze im Backofen auf der mittleren Einschubleiste etwa 1 Stunde braten. Den Hackbraten vor dem Servieren abkühlen lassen.

Vorsicht mit Salz!

Gratinierte Champignonschnitzel

deftig

- *Für 4 Personen*
- *Zubereitung: ca. 30 Min.*
- *ca. 320 kcal je Portion*
- *Dazu passen Salzkartoffeln*

ZUTATEN

500 g Champignons
4 Schalotten
1 Bund glatte Petersilie
100 g Roquefort
2 EL kaltgepreßtes Olivenöl
1 TL Kräutersalz
2 EL ungehärtetes Kokosfett
4 Kalbsschnitzel (à ca. 100 g)
Salz

1. Die Pilze putzen, waschen, trockenreiben und in dünne Streifen schneiden. Die Schalotten schälen und fein würfeln. Die Petersilie verlesen und waschen. Die Blätter abzupfen und fein hacken. Den Käse reiben oder in kleine Würfel schneiden.

2. Das Öl in einer Pfanne erhitzen. Die Schalottenwürfel zusammen mit den Champignonscheiben darin 5 bis 6 Minuten dünsten. Das Ganze mit Kräutersalz würzen und die Petersilie hinzufügen.

3. Gleichzeitig in einer anderen Pfanne das Kokosfett erhitzen. Die Schnitzel darin von jeder Seite etwa 3 Minuten braten. Sie anschließend leicht salzen.

4. Die Champignonscheiben auf die Schnitzel geben und den Käse darauf verteilen. Einen Deckel auf die Pfanne legen und die Schnitzel bei kleiner Hitze 3 bis 5 Minuten weitergaren, bis der Käse geschmolzen ist.

5. Die Schnitzel zusammen mit den Champignons auf 4 vorgewärmte Teller verteilen und sofort servieren.

Lammragout

griechisch

- *Für 4 Personen*
- *Zubereitung: ca. 2 Std.*
- *ca. 560 kcal je Portion*

ZUTATEN

600 g festkochende Kartoffeln, Salz
500 g grüne Bohnen
150 g Kuhmilch-Feta in Würfeln aus dem Glas (z. B. von Hochland Patros)
400 g Lammfleisch (z. B. aus der Keule)
Pfeffer, 4 TL getrocknetes Bohnenkraut
1 TL getrockneter Thymian
100 ml Gemüsebrühe
150 g saure Sahne

1. Die Kartoffeln in reichlich kochendem Salzwasser je nach Größe etwa 20 bis 30 Minuten garen. Sie dann herausnehmen, pellen und in Würfel schneiden.

2. Inzwischen die Bohnen putzen, waschen und in gleich große Stücke schneiden. Sie etwa 6 Minuten in kochendem Salzwasser blanchieren. Die Fetawürfel aus dem Öl nehmen und abtropfen lassen. Dabei das Öl in dem Glas auffangen.
Den Backofen auf 200 °C vorheizen.

3. Das Fleisch würfeln und mit Pfeffer würzen. Das Öl aus dem Fetaglas in einen Bräter gießen und die Fleischwürfel zusammen mit dem Bohnenkraut und dem Thymian kräftig anbraten. Das Ganze mit der Gemüsebrühe aufgießen und aufkochen lassen.

4. Die Bohnen und die Kartoffeln zum Fleisch geben. Die saure Sahne und die Fetawürfel untermischen. Den Bräter zudecken und das Ganze im Backofen auf der mittleren Einschubleiste etwa 40 Minuten schmoren lassen.

TIP

- ***Reichen Sie dazu typisch griechisches Fladenbrot.***

Schweinefilet vom Blech

für Gäste

- *für 4 Personen*
- *Zubereitung: ca. 30 Min. (plus ca. 30 Min. Marinierzeit)*
- *ca. 640 kcal je Portion*
- *Dazu paßt Tomatensalat*

ZUTATEN

4 Schweinefilets (à ca. 150 g)
120 ml Öl
1 TL getrockneter Thymian
schwarzer Pfeffer
4 kleine Knoblauchzehen
800 g Zucchini
500 g kleine, feste Tomaten
Salz
200 g Mozzarella

1. Das Schweinefilet in etwa 1 cm dicke Scheiben schneiden und diese mit den Handballen etwas flachdrücken.

2. Für die Marinade das Öl in eine Schüssel gießen. Den Thymian und etwas Pfeffer dazugeben und alles miteinander verrühren. Den Knoblauch schälen und fein hacken oder durch eine Knoblauchpresse drücken. Ihn zu der Marinade geben und alles miteinander vermischen.

3. Die Fleischscheiben in der Marinade wenden und in der Marinade zugedeckt etwa 30 Minuten im Kühlschrank ziehen lassen.

4. Den Backofen auf 220 °C vorheizen. Die Zucchini putzen, waschen und trockentupfen. Die Zucchini schräg in etwa 1 cm dicke Scheiben schneiden.

5. Filet- und Zucchinischeiben nebeneinander auf ein Backblech legen. Das Öl vom Marinieren des Fleisches gleichmäßig darüber verteilen. Alles auf der mittleren Einschubleiste in den Ofen schieben und darin etwa 8 Minuten garen.

6. Die Tomaten waschen, trockentupfen, putzen und in etwa 1 cm dicke Scheiben schneiden. Die Filet- und die Zucchinischeiben aus dem Ofen nehmen, salzen und wenden. Die Tomaten dazulegen. Alles salzen, pfeffern und anschließend noch etwa 8 Minuten im Ofen braten.

7. Den Mozzarella abtropfen lassen und in dünne Scheiben schneiden. Diese auf die Filets legen und etwa 2 Minuten im Ofen schmelzen lassen.

ZUCCHINI

Zucchini sind leicht verdaulich und besonders gesund, denn sie enthalten reichlich Eisen, Provitamin A und Vitamin C. Im Aussehen ähneln sie den Gurken, sind aber weniger saftig und aromatischer. Den zartesten Geschmack haben die kleinen Früchte von höchstens 15 bis 20 cm Größe. Im Gemüsefach des Kühlschranks lassen sich Zucchini bis zu 2 Wochen aufbewahren.

Lammrücken mit würziger Käsekruste

fein-würzig

- *Für 4 Personen*
- *Zubereitung: ca. 60 Min.*
- *ca. 560 kcal je Portion*
- *Dazu passen Rahmkartoffeln*

ZUTATEN

1,2 kg Lammrücken
Salz
schwarzer Pfeffer
1 EL Butterschmalz
200 g deutscher Edelpilzkäse (Blauschimmelkäse)
1 Zweig Rosmarin
6 Salbeiblätter
1/2 Bund Thymian
2 EL frisch geriebene Weißbrotbrösel

1. Den Lammrücken gegebenenfalls von Fett und Sehnenresten befreien und mit Salz und Pfeffer einreiben.

2. Das Butterschmalz in einem Bräter erhitzen und den Lammrücken darin von allen Seiten anbraten.

3. Den Backofen auf 220 °C vorheizen. Den Käse mit einer Gabel fein zerdrücken. Rosmarin, Salbeiblätter und Thymian waschen und trockentupfen. Die Rosmarinnadeln und Thymianblätter abzupfen und alle Kräuter fein hacken. Sie zusammen mit den Weißbrotbröseln unter den Käse kneten.

4. Die gewürzte Weißbrot-Käse-Masse auf dem Lammrücken verteilen und sie dabei andrücken. Das Ganze auf der mittleren Einschubleiste im offenen Bräter 30 bis 45 Minuten braten.

5. Den Lammrücken vor dem Aufschneiden mindestens 5 Minuten ruhen lassen.

(auf dem Foto)

Mozzarella-Rumpsteak

mild

- *Für 4 Personen*
- *Zubereitung: ca. 30 Min. (plus ca. 1 Std. Marinierzeit)*
- *ca. 650 kcal je Portion*

ZUTATEN

4 Rumpsteaks (à ca. 150 g)
1-2 EL Zitronensaft
7 EL Öl
Salz
schwarzer Pfeffer
2 Fleischtomaten
250 g Mozzarella
2 Bund Basilikum
8 Scheiben Toastbrot

1. Die Steaks häuten und die Fetthaut mit den Sehnen mehrmals einschneiden. Sie dann mit etwas Zitronensaft und etwa 4 Eßlöffeln Öl auf beiden Seiten bestreichen. Die Steaks aufeinander in einen tiefen Teller legen und im Kühlschrank etwa 60 Minuten ziehen lassen.

2. Etwa 3 Eßlöffel Öl in einer Pfanne erhitzen und die marinierten Steaks darin von beiden Seiten scharf anbraten. Sie dann mit Salz und Pfeffer würzen und bei mittlerer Hitze etwa 6 Minuten weiterbraten. Den Backofen auf 200 °C mit Grillstufe vorheizen.

3. Inzwischen die Tomaten waschen und trockentupfen. Sie von den Stielansätzen befreien und in dünne Scheiben schneiden.

4. Den Mozzarella abtropfen lassen und in Scheiben schneiden. Das Basilikum verlesen, waschen und trockentupfen. Die Blätter von den Stielen zupfen. Die Hälfte der Basilikumblätter in feine Streifen schneiden, die anderen beiseite stellen.

5. Die Toastscheiben im Toaster rösten. Je 2 Scheiben Toast auf 4 Teller verteilen. Die Steaks jeweils auf beide Toastscheiben legen. Sie zuerst mit Tomatenscheiben, dann mit Mozzarellascheiben belegen und zuletzt die kleingeschnittenen Basilikumblätter darüberstreuen.

6. Das Ganze mit Pfeffer bestreuen und unter dem heißen Grill etwa 3 Minuten überbacken. Die Mozzarella-Rumpsteaks vor dem Servieren mit den restlichen Basilikumblättern garnieren.

TIP

- ***Dieses Gericht eignet sich gut zur Bewirtung von Gästen. Um die Zubereitung zu erleichtern, legen Sie das Fleisch einfach bereits mehrere Stunden im voraus in dem Öl ein. Tomaten und Mozzarella können sie ebenfalls frühzeitig vorbereiten und bis zu ihrer Verwendung zugedeckt im Kühlschrank aufbewahren.***

Garnelen im Ofen

fein

- *Für 4 Personen*
- *Zubereitung: ca. 45 Min.*
- *ca. 430 kcal je Portion*
- *Dazu paßt frisches Baguette*

ZUTATEN

2 Zwiebeln
4 Tomaten
100 ml kaltgepreßtes Olivenöl
Salz
schwarzer Pfeffer
1 Bund Petersilie
400 g frische Tiefsee-Garnelen (ersatzweise TK-Ware)
getrockneter Oregano
150 g Feta

1. Die Zwiebeln schälen und in Würfel schneiden. Die Tomaten über Kreuz einritzen, kurz überbrühen, abschrecken und enthäuten. Sie dann vierteln, von den Stielansätzen befreien und entkernen. Die Tomaten kleinschneiden.

2. Für die Sauce das Öl in einer Pfanne erhitzen und die Zwiebelwürfel darin glasig dünsten. Die Tomaten zu den Zwiebeln geben. Das Ganze gut umrühren und mit Salz und Pfeffer würzen. Die Sauce bei kleiner Hitze etwa 5 Minuten offen köcheln lassen.

3. Die Petersilie verlesen und waschen. Die Blätter von den Stielen zupfen und fein hacken.

4. Den Backofen auf 200 °C vorheizen. Die Garnelen unter fließend kaltem Wasser gründlich abspülen und gut abtropfen lassen.

5. Die Garnelen in 4 feuerfeste Portionsschüsseln aus Ton verteilen. Sie jeweils mit der Tomatensauce übergießen und mit Petersilie und 1 Prise Oregano bestreuen.

6. Den Schafskäse in kleine Würfel schneiden und diese jeweils über die Garnelen verteilen.

7. Das Ganze auf der mittleren Einschubleiste etwa 30 Minuten backen und sofort in den Schüsselchen servieren.

TIPS

- ***Wenn Sie ein Knoblauchfan sind, können Sie nach Belieben auch 2 Knoblauchzehen durch ein Knoblauchpresse drücken und sie zusammen mit den Zwiebeln anbraten.***
- ***Wenn Sie die überbackenen Garnelen servieren, sollten Sie äußerste Vorsicht walten lassen, denn die Schüsseln sind sehr heiß.***

Scampi auf Auberginen

mild

- *Für 4 Personen*
- *Zubereitung: ca. 50 Min.*
- *ca. 480 kcal je Portion*
- *Dazu paßt Feldsalat*

ZUTATEN

2 Auberginen
Salz
12 frische Scampi (ersatzweise TK-Ware)
schwarzer Pfeffer
1/4 l kaltgepreßtes Olivenöl
2 EL Mehl
4 Knoblauchzehen
12 Salbeiblätter
100 g geriebener Parmesan

1. Die Auberginen putzen, waschen und in 12 Scheiben schneiden. Diese auf beiden Seiten salzen und auf einem Sieb Wasser ziehen lassen.

2. Die Scampi aus den Krusten brechen und längs halbieren. Sie von den dunklen Darmfäden befreien, waschen und trockentupfen. Das Scampifleisch mit Salz und Pfeffer würzen. Den Backofen auf 180 °C vorheizen.

3. Das Olivenöl in einer Pfanne erhitzen. Die Auberginenscheiben trockentupfen, im Mehl wenden und im heißen Öl goldbraun braten. Sie nebeneinander in eine flache Auflaufform (etwa 37 cm lang) legen. Dann die Scampi in dem verbliebenen Öl etwa 2 Minuten von jeder Seite braten.

4. Den Knoblauch schälen, durch eine Presse drücken und mit etwas Öl aus der Pfanne verrühren. Die Auberginen damit bestreichen und mit je 1 Salbeiblatt belegen. Je 2 Scampihälften auf eine Auberginenscheibe legen und den Parmesan darübergeben. Das Ganze auf der mittleren Einschubleiste etwa 10 Minuten überbacken.

(auf dem Foto)

Fischauflauf mit Fetakruste

einfach

- *Für 4 Personen*
- *Zubereitung: ca. 45 Min.*
- *ca. 820 kcal je Portion*
- *Dazu passen Salzkartoffeln*

ZUTATEN

4 Stangen Lauch
4 Fleischtomaten
Salz
schwarzer Pfeffer
800 g Rotbarschfilet
400 g Kuhmilch-Feta (z. B. von Hochland Patros)
3 EL Sonnenblumenöl
250 g Crème fraîche
viel **geriebene Muskatnuß**

1. Den Backofen auf 200 °C vorheizen. Den Lauch putzen, waschen, trockentupfen und in Ringe schneiden.

2. Die Tomaten waschen, trockentupfen und die Stielansätze keilförmig großzügig herausschneiden. Sie in dünne Scheiben schneiden und mit Salz und Pfeffer würzen.

3. Das Fischfilet unter fließend kaltem Wasser waschen, trockentupfen und in Scheiben schneiden. Den Feta in dünne Scheiben schneiden.

4. 2 Eßlöffel Öl in einer großen Pfanne erhitzen und die Lauchringe darin 5 Minuten dünsten. Sie mit Salz und Pfeffer abschmecken.

5. Eine Auflaufform (etwa 37 cm lang) mit Öl ausfetten. Die Lauchringe in die Auflaufform geben und die Hälfte der Fetascheiben darüber verteilen.

6. Das Fischfilet auf dem Käse verteilen und das Ganze kräftig mit Pfeffer und Salz würzen. Zum Schluß die Tomatenscheiben darübergeben.

7. Die Créme fraîche glattrühren, mit etwas Muskatnuß würzen und das Ganze über die Tomaten streichen. Den Auflauf mit den restlichen Fetascheiben belegen und auf der mittleren Einschubleiste im Ofen etwa 35 Minuten backen.

ROTBARSCH

Der vorwiegend in den Gewässern bei Grönland und im Nordatlantik lebende Rotbarsch zeichnet sich durch sein festes und leicht rosafarbenes Fleisch aus. In den Handel kommt er frisch oder gefroren, ganze Fische findet man allerdings selten. Am besten kaufen Sie ihn bereits filetiert ein, da seine Schuppen sehr hart sind. Das relativ fetthaltige Fleisch eignet sich gut zum Dünsten, Braten in Butter sowie für die Zubereitung von Aufläufen oder Gulasch. Hervorragend schmeckt Rotbarsch auch in der Folie gegart.

PATROS
FETA

Gratiniertes Lachsfilet auf Raukesauce

fein-würzig

- *Für 4 Personen*
- *Zubereitung: ca. 40 Min.*
- *ca. 770 kcal je Portion*
- *Dazu paßt Basmatireis*

ZUTATEN

1 Zwiebel
1/4 l trockener Weißwein
1/4 l Fischfond (Fertigprodukt)
250 g süße Sahne
Salz
weißer Pfeffer
1 EL Pernod
Saft von 1 Zitrone
800 g Lachsfilet ohne Haut
300 g Cambozola
2 Eigelb
1 Tomate
1 Bund Basilikum
100 g frisch geriebenes Weißbrot
1 Bund Rauke (Rucola)

1. Für die Sauce die Zwiebel schälen und grob würfeln. Den Weißwein und die Zwiebelwürfel zusammen in einen Topf geben und ganz einkochen lassen.

2. Nun den Fischfond dazugeben und das Ganze um die Hälfte einkochen lassen. Die Sahne zugeben und die Sauce mit Salz, Pfeffer, Pernod und Zitronensaft abschmecken.

3. Den Lachs schräg in Tranchen schneiden, salzen und pfeffern. Den Käse entrinden und in kleine Würfel schneiden. Die Eigelbe unter die Käsewürfel heben. Den Backofen auf 220 °C vorheizen.

4. Die Tomate über Kreuz einritzen, kurz überbrühen, abschrecken und enthäuten. Sie dann vierteln, von den Stielansätzen befreien und entkernen. Die Tomate in kleine Würfel schneiden.

5. Das Basilikum verlesen und waschen. Die Blätter abzupfen und in grobe Streifen schneiden. Die Basilikumblätter zusammen mit dem Weißbrot unter die Käsemischung heben und die Lachsschnitte damit bestreichen.

6. Die Sauce in eine feuerfeste Form (etwa 37 cm lang) gießen und die Lachsschnitte hineingeben. Das Ganze auf der zweiten Einschubleiste von oben 7 bis 8 Minuten überbacken. Inzwischen die Rauke verlesen, waschen, trockentupfen und fein schneiden. Sie vor dem Anrichten in die Sauce geben.

RAUKE

Die Rauke (auch Rucola oder Senfkohl) ist ein einjähriges Kraut, dessen junge Blätter als Salat gegessen werden. Die Rauke stammt aus dem Mittelmeerraum und aus Vorderasien. Ihr Geschmack erinnert an Rettich, und man spricht ihr eine belebende Wirkung zu. Mit gutem Olivenöl und ein wenig Balsamicoessig angemacht, schmeckt Rauke vorzüglich; man kann sie aber auch kurz gekocht als würziges Gemüse genießen.

Gefüllte Calamares

mediterran

- *Für 4 Personen*
- *Zubereitung: ca. 1 3/4 Std.*
- *ca. 590 kcal je Portion*
- *Dazu paßt grüner Salat*

ZUTATEN

3 Schalotten
4 mittelgroße Tomaten
8 frische kleine Calamares (Tintenfische, ersatzweise TK-Ware), Salz
10 EL kaltgepreßtes Olivenöl
schwarzer Pfeffer
400 g milder griechischer Schafskäse (z. B. Manouri)
3-4 EL gehackter Dill
100 ml trockener Weißwein
1 EL gehackter Oregano

1. Schalotten schälen und hacken. Tomaten einritzen, überbrühen, abschrecken und enthäuten. Sie putzen, entkernen und zerkleinern.

2. Die Calamares waschen, häuten und salzen. Die Augen entfernen. Arme und Flossen abtrennen, kleinschneiden und waschen. Die Beutel innen putzen und waschen.
4 Eßlöffel Öl in einer Pfanne erhitzen und die Calamaresstücke zusammen mit den Schalotten darin etwa 5 Minuten anbraten. Die Tomaten unterrühren. Alles pfeffern und 5 Minuten bei mittlerer Temperatur dünsten. Die Pfanne vom Herd nehmen.

3. Den Backofen auf 200 °C vorheizen. Den Käse zerbröckeln und zusammen mit dem Dill unter die Tintenfischmischung heben. Die Calamaresbeutel mit der Mischung füllen, mit Küchengarn zunähen und in eine Auflaufform (etwa 37 cm lang) legen.

4. Den Weißwein zusammen mit dem restlichem Öl und dem Oregano verquirlen und das Ganze über die Calamares gießen. Das Ganze auf der mittleren Einschubleiste im Ofen etwa 45 Minuten backen, die Calamares dabei einmal wenden.

(auf dem Foto)

Kräuterrolle mit Feta

ungewöhnlich

- *Für 4 Personen*
- *Zubereitung: ca. 1 Std.*
- *ca. 480 kcal je Portion*
- *Dazu paßt gemischter Salat*

ZUTATEN

1 kleine Zwiebel
1 Knoblauchzehe
100 g Feta
1 Bund Schnittlauch
1 Bund glatte Petersilie
1 Bund Basilikum
1 EL Crème fraîche
Salz
schwarzer Pfeffer
abgeriebene Muskatnuß
1/2 Packung Teigmischung für Pizza und Gemüse kuchen (à 460 g, z. B. von Mondamin)
1-2 EL Mehl
1 Eigelb

1. Für die Füllung die Zwiebel und die Knoblauchzehe schälen und hacken. Den Feta in kleine Würfel schneiden.

2. Schnittlauch, Petersilie und Basilikum verlesen, waschen und trockentupfen. Den Schnittlauch in feine Röllchen schneiden. Die Petersilien- und Basilikumblätter abzupfen. Die Petersilienblätter fein hacken, die Basilikumblätter in feine Streifen schneiden.

3. Die Kräuter und die Zwiebel- und Knoblauchstückchen zusammen mit der Crème fraîche in eine Schüssel geben und alles gut miteinander verrühren. Die Schafskäsewürfel unter die Kräutercreme mischen und das Ganze mit Salz und Pfeffer sowie etwas Muskatnuß kräftig abschmecken. Den Backofen auf 200 °C vorheizen.

4. Die Teigmischung nach Packungsanleitung zusammen mit etwa 125 ml lauwarmem Wasser mit dem Knethaken eines Handrührgeräts so lange zu einem geschmeidigen Teig verarbeiten, bis dieser sich vom Schüsselrand löst.

5. Den Teig auf einer bemehlten Arbeitsfläche zu einem etwa 30 x 20 cm großen Rechteck auswellen. Die Kräuter-Käse-Füllung darauf verteilen, dabei an den Rändern etwas Platz frei lassen. Den Teig aufrollen und die Rolle an den Seiten und am Ende gut festdrücken.

6. Das Eigelb mit etwas Wasser verquirlen. Ein Backblech mit Backpapier auslegen. Die Kräuterrolle vorsichtig daraufheben und mit dem Eigelb bestreichen.

7. Die Kräuterrolle auf der mittleren Einschubleiste im Backofen 20 bis 25 Minuten backen.

TIP

Verwenden Sie möglichst Freilandkräuter – am besten aus dem eigenen Garten oder von der Fensterbank. Diese schmekken intensiver als Treibhausware und sind zudem reicher an Vitaminen und Mineralstoffen.

Pilzpizza

herbstlich

- *Für 4 Personen*
- *Zubereitung: ca. 45 Min. (plus ca. 45 Min. Gehzeit)*
- *ca. 540 kcal je Portion*

ZUTATEN

Für den Teig
400 g Mehl
1 Würfel Hefe (à 42 g)
1 EL Zucker
1 EL Salz
abgeriebene Muskatnuß
2 EL kaltgepreßtes Olivenöl

Für den Belag
1 Zwiebel
50 g durchwachsener geräucherter Speck
150 g Pfifferlinge
150 g Champignons
2-3 EL kaltgepreßtes Olivenöl
Salz
schwarzer Pfeffer
Cayennepfeffer
4 Tomaten
200 g Mozzarella
100 g gekochter Schinken
4 EL Tomatenmark

Außerdem
2 EL Butter zum Ausfetten
1 EL Mehl für die Arbeitsfläche

1. Das Mehl in eine Schüssel sieben und in die Mitte eine Mulde drücken. Die Hefe zerkrümeln und zusammen mit dem Zucker in die Mulde streuen. Hefe und Zucker zusammen mit 1/4 l lauwarmem Wasser verrühren und an einem warmen Ort zugedeckt etwa 15 Minuten gehen lassen.

2. Die Zwiebel schälen und fein hacken. Den Speck fein würfeln. Die Pilze waschen, putzen und trockenreiben. Das Öl erhitzen, Zwiebel und Speck darin anbraten.
Die Pilze dazugeben, etwa 10 Minuten dünsten und alles mit Salz, Pfeffer und Cayennepfeffer abschmecken.

3. Den Vorteig zusammen mit Mehl, Salz, 1 Prise Muskatnuß und Öl zu einem geschmeidigen Teig verkneten und zugedeckt an einem warmen Ort etwa 30 Minuten gehen lassen.

4. Die Tomaten putzen, waschen und trockentupfen. Den Mozzarella abtropfen lassen. Beides in Scheiben, den Schinken in Streifen schneiden. Den Ofen auf 180 °C vorheizen.

5. 4 Pizzaformen (à 28 cm Ø) mit Butter ausfetten. Den Pizzateig vierteln, auf einer bemehlten Arbeitsfläche rund auswellen und in die Pizzaformen auslegen. Die Pizzen mit Tomatenmark bestreichen und mit Tomaten und Schinken belegen. Die Pilzmischung darauf verteilen und alles mit Mozzarella belegen. Die Pizzen auf der mittleren Einschubleiste in 25 bis 30 Minuten backen.

PFIFFERLING

Der Pfifferling (auch Eierschwamm, Rehling oder Reherl genannt) ist ein in ganz Europa beliebter Speisepilz und kommt vom Sommer bis in den Winter hinein vor allem in Buchenwäldern vor. Er duftet schwach nach Aprikosen und schmeckt leicht pfeffrig, wenn er gekocht ist. Sein Fleisch ist fest und muß etwas länger gekocht werden als das Fleisch anderer Pilze. Pfifferlinge können nicht künstlich kultiviert werden, sie sind aber getrocknet oder in Dosen überall im Handel erhältlich.

Pizza quattro formaggi

italienisch

- *Für 4 Personen*
- *Zubereitung: ca. 60 Min.*
- *ca. 1740 kcal je Portion*

ZUTATEN

1 Packung Teigmischung für Pizza und Gemüsekuchen (à 460 g, z. B. von Mondamin)
1 EL Mehl, 250 g Mozzarella
je 120 g Gorgonzola, Greyerzer und Parmesan
2 Knoblauchzehen
740 g zerkleinerte Tomaten mit Kräutern (Fertigprodukt, z. B. von Knorr)
2 TL gerebelter Salbei
schwarzer Pfeffer
2 EL kaltgepreßtes Olivenöl

1. Die Teigmischung nach Packungsanleitung zusammen mit etwa 250 ml lauwarmem Wasser mit dem Knethaken eines Handrührgeräts so lange zu einem geschmeidigen Teig verarbeiten, bis dieser sich vom Schüsselrand löst.

2. Den Teig auf einer bemehlten Arbeitsfläche zu 2 runden Fladen (30 cm Ø) ausrollen. Diese auf ein mit Backpapier ausgelegtes Backblech legen. An jedem Fladen rundherum einen kleinen Rand formen. Den Backofen auf 200 °C vorheizen.

3. Den Mozzarella abtropfen lassen und ebenso wie den Gorgonzola in kleine Würfel schneiden, Greyerzer und Parmesan reiben. Die Knoblauchzehen schälen und in feine Scheiben schneiden.

4. Die Tomatenmischung in ein Sieb geben, etwas abtropfen lassen und die Pizzaböden damit bestreichen. Den Käse und den Knoblauch auf den Pizzen verteilen. Das Ganze mit Salbei und Pfeffer bestreuen und mit dem Olivenöl beträufeln.

5. Die Pizzen im Backofen auf der mittleren Einschubleiste 20 bis 30 Minuten backen.

(auf dem Foto)

Pizza mit Tomaten und Mozzarella

sommerlich

- *Für 4 Personen*
- *Zubereitung: ca. 45 Min. (plus 30 Min. Ruhezeit)*
- *ca. 850 kcal je Portion*
- *Dazu paßt grüner Salat*

ZUTATEN

600 g Mehl (plus Mehl für die Arbeitsfläche)
1 Würfel Hefe (ca. 40 g)
1/2 TL Zucker
1-2 EL Salz
2 EL Öl
8 EL Tomatenmark
800 g Tomaten
250 g Mozzarella
bunter Pfeffer
1 Bund Basilikum

1. Das Mehl in eine Schüssel sieben und die Hefe hineinbröckeln. Zucker, 3 Teelöffel Salz, Öl und 300 ml lauwarmes Wasser dazugeben und alles zu einem glatten Teig verkneten. Den Teig zugedeckt an einem warmen Ort etwa 30 Minuten gehen lassen. Ihn dann nochmals gut kneten und vierteln.

2. Den Backofen auf 200 °C vorheizen. Die Teigviertel auf einer bemehlten Arbeitsfläche zu 4 runden Pizzaböden mit etwa 20 cm Ø ausrollen. Sie mit dem Tomatenmark bestreichen und auf der mittleren Einschubleiste etwa 10 Minuten vorbacken.

3. Inzwischen die Tomaten waschen, trockentupfen, von den Stielansätzen befreien und in Scheiben schneiden. Den Mozzarella abtropfen lassen und ebenfalls in Scheiben schneiden.

4. Die Pizzen mit Tomaten- und Mozzarellascheiben belegen. Sie mit Salz und frisch gemahlenem buntem Pfeffer würzen und weitere 10 bis 15 Minuten überbacken. Das Basilikum waschen und trockentupfen. Die Blätter abzupfen. Die Pizzen vor dem Servieren mit den Basilikumblättern bestreuen.

Calzone mit Schinken-Käse-Füllung

aromatisch

- *Für 4 Personen*
- *Zubereitung: ca. 30 Min. (plus ca. 30 Min. Gehzeit)*
- *ca. 800 kcal je Portion*

ZUTATEN

400 g Mehl (plus Mehl für die Arbeitsfläche)
1 Würfel Hefe (ca. 40 g)
Zucker
Salz
9 EL kaltgepreßtes Olivenöl
100 g gekochter Schinken
2 große Fleischtomaten
125 g Mozzarella
150 g Ricotta
2 El Thymianblätter
2 Eier
schwarzer Pfeffer

1. Das Mehl in eine Schüssel sieben und die Hefe hineinbröckeln. 1 Prise Zucker, 2 Teelöffel Salz, 6 Eßlöffel Öl und 500 ml lauwarmes Wasser dazugeben. Das Ganze zu einem glatten Teig verkneten und diesen zugedeckt an einem warmen Ort etwa 15 Minuten gehen lassen.

2. Inzwischen den Schinken in kleine Würfel schneiden. Die Tomaten putzen, waschen, trockentupfen und zerkleinern. Den Mozzarella abtropfen lassen und würfeln, den Ricotta zerkrümeln. Alles zusammen mit dem Thymian und den Eiern verrühren und mit Salz und Pfeffer würzen.

3. Den Backofen auf 220 °C vorheizen. Den Teig kneten, halbieren, auf einer bemehlten Arbeitsfläche zu 2 runden Platten (etwa 24 cm Ø) ausrollen. Ein Backblech mit Öl einfetten und die Teigplatten darauf legen.

4. Die Füllung auf je einer Plattenhälfte verteilen, dabei etwas Rand frei lassen. Den Teig überklappen und den Rand fest andrücken. Die Calzoni mit 2 Eßlöffeln Öl bestreichen und im Ofen auf mittlerer Einschubleiste in 20 bis 25 Minuten backen. Sie vor dem Servieren in Dreiecke aufschneiden.

Bunte Artischockenherzenpizza

herzhaft

- *Für 4 Personen*
- *Zubereitung: ca. 35 Min.*
- *ca. 370 kcal je Portion*

ZUTATEN

240 g Artischockenherzen aus der Dose
1/2 Bund Frühlingszwiebeln
250 g gekühlter Frischteig für Pizza (Fertigprodukt)
200 g geräucherte Putenbrust in Scheiben
25 g schwarze Oliven
Salz
schwarzer Pfeffer
100 g Gorgonzola
4 EL Milch
4 EL Orangensaft
einige Zweige Thymian
Orangenpfeffer zum Bestreuen

1. Die Artischockenherzen in einem Sieb abtropfen lassen. Die Frühlingszwiebeln putzen, waschen und in etwa 3 cm lange Stücke schneiden. Den Backofen auf 200 °C vorheizen.

2. Den Pizzateig aus der Packung nehmen. Ihn an der Schnittstelle entrollen und in 2 gleich lange Stücke schneiden. Ein Backblech mit Backpapier auslegen und die Teighälften leicht überlappend darauf legen. Die Teigkanten etwas nach innen einschlagen, so daß rundherum ein kleiner Rand entsteht.

3. Die Putenbrustscheiben und die Artischockenherzen halbieren. Das Ganze zusammen mit den Oliven und den Frühlingszwiebelstücken auf dem Pizzateig verteilen. Den Belag mit Salz und Pfeffer würzen.

4. Den Gorgonzola zusammen mit der Milch und dem Orangensaft zu einer Creme verrühren und die Käsecreme auf der Pizza verteilen. Die Pizza im Backofen auf der mittleren Einschubleiste etwa 25 Minuten backen.

5. Inzwischen den Thymian verlesen und waschen. Die Blätter von den Stielen zupfen. Die Pizza vor dem Servieren mit den Thymianblättern und dem Orangenpfeffer bestreuen.

ARTISCHOCKE

Die bei uns als Luxusgemüse geltende Artischocke ist der Blütenstand einer eßbaren Distelart aus dem Mittelmeerraum. Gegessen werden die Blütenköpfe, deren äußere Erscheinung stark an Kiefernzapfen erinnert. Der Geschmack ist leicht bitter und ähnelt dem des Selleries. Artischocken kommen meist gegart auf den Tisch. Entweder kocht man sie im ganzen, taucht die Blattenden in eine delikate Sauce und ißt zum Schluß den Boden, oder man bereitet den Boden separat als Vorspeise, als Salat, gefüllt oder gebraten zu. Artischocken sind bei uns im Handel frisch oder in Dosen erhältlich.

MOLERA
Olives noires

Schafskäsekuchen

für Gäste

- *Für 1 runde Auflaufform (ca. 26 cm ø)*
- *Zubereitung: ca. 90 Min.*
- *ca. 1100 kcal je Portion*
- *Dazu paßt gemischter Blattsalat*

ZUTATEN

300 g TK-Blätterteig
1 Bund Schnittlauch
1 Bund glatte Petersilie
500 g Feta
2 Knoblauchzehen
4-5 EL Butter
4 EL Mehl
1/8 l trockener Weißwein
1/4 l Milch
8 Eier
Salz
schwarzer Pfeffer
abgeriebene Muskatnuß
1 TL gemahlener Koriander
1 TL Kümmel
1 TL gemahlener Kardamom

1. Den Blätterteig aus der Verpackung nehmen, die Teigplatten voneinander trennen und etwa 15 Minuten auftauen lassen. Je 2 Teigplatten so zwischen Frischhaltefolie legen, daß sie sich leicht überlappen. Die Teigplatten auf die Größe einer runden Auflaufform (etwa 26 cm Ø) ausrollen. Dabei darauf achten, daß die einzelnen Platten gut miteinander verbunden sind.

2. Den Schnittlauch und die Petersilie verlesen und waschen. Den Schnittlauch in feine Röllchen schneiden. Die Petersilienblätter abzupfen und fein hacken.

3. Den Schafskäse zerbröckeln. Die Knoblauchzehen schälen und durch eine Knoblauchpresse drücken.

4. 4 Eßlöffel Butter in einem Topf erhitzen und das Mehl darin anschwitzen. Das Ganze unter ständigem Rühren mit Weißwein und Milch auffüllen und aufkochen lassen. Den Topf vom Herd nehmen und den Schafskäse einrühren.

5. 6 Eier, die Petersilie und den Schnittlauch unter die Käsemischung ziehen.
Die Masse mit Knoblauch, Salz, Pfeffer und Muskatnuß würzig abschmecken.
Den Backofen auf 200 °C vorheizen.

6. Die Auflaufform mit der restlichen Butter ausfetten. Die restlichen 2 Eier trennen. Die Eigelbe zusammen mit etwas Wasser verquirlen.

7. Die Teigböden abwechselnd mit der Käsesauce schichtweise in die Auflaufform füllen. Die oberste Blätterteigplatte mit den Eigelben bestreichen und mit Koriander, Kümmel und Kardamom bestreuen. Den Auflauf auf der mittleren Einschubleiste etwa 30 Minuten backen.

TIP

- ***Anstatt in Frischhaltefolie können Sie die Blätterteigplatten auch auf einer leicht bemehlten Arbeitsfläche ausrollen.***

Croissants mit Roquefortfüllung

für Gäste

- *Für 6 Croissants*
- *Zubereitung: ca. 30 Min.*
- *ca. 420 kcal je Portion*

ZUTATEN

6 halbweiche, getrocknete Pflaumen
50 g Roquefort
1 TL Crème fraîche
1 Dose gekühlter Frischteig für 6 Croissants (à 250 g)
1 Eigelb, 1 TL süße Sahne
150 g Rauke (Rucola)
220 g Babybirnen aus dem Glas
1 rote Zwiebel
4 EL Weißweinessig
Salz, weißer Pfeffer
3-4 EL Öl

1. Den Backofen auf 200 °C vorheizen. Die Pflaumen halbieren. Den Roquefort zerkrümeln und zusammen mit der Crème fraîche glattrühren.

2. Die Frischteigdreiecke voneinander trennen. Sie jeweils auf der breiten Seite mit etwa 1 Teelöffel Roquefortcreme und 2 Pflaumenhälften belegen und locker aufrollen.

3. Ein Backblech mit Backpapier auslegen und die Croissants darauf geben. Das Eigelb zusammen mit der Sahne verrühren und die Croissants damit bestreichen. Sie im Ofen auf der mittleren Einschubleiste 12 bis 15 Minuten backen.

4. Inzwischen die Rauke verlesen, waschen und trockentupfen. Die Birnen abtropfen lassen und fächerförmig einschneiden. Alles zusammen auf 4 Tellern anrichten.

5. Die Zwiebel schälen und fein würfeln. Den Essig in einem Topf aufkochen und die Zwiebelwürfel darin andünsten. Sie abkühlen lassen, salzen und pfeffern, dann das Öl darunterschlagen. Die Sauce über den Salat geben und diesen zusammen mit den warmen Croissants servieren.

(auf dem Foto)

Mozzarellataschen

pikant

- *Für ca.12 Teigtaschen*
- *Zubereitung: ca. 1 1/4 Std.*
- *ca. 690 kcal je Portion*

ZUTATEN

300 g TK-Blätterteig
250 g Mozzarella
100 g getrocknete Tomaten in Öl
je 10 schwarze und grüne Oliven
1 Bund Basilikum
1 kleine, rote Chilischote
5 EL Pinienkerne
etwas abgeriebene Schale von 1 unbehandelten Zitrone
Salz, 2 Eigelb
2 EL Rosmarinnadeln

1. Den Teig antauen lassen, leicht überlappend nebeneinanderlegen und zwischen Frischhaltefolie dünn ausrollen. 12 Kreise mit etwa 12 cm Ø ausstechen.

2. Den Mozzarella zwischen mehreren Lagen Küchenkrepp zusammendrücken, um die Flüssigkeit zu entfernen. Die Tomaten zwischen mehreren Lagen Küchenkrepp entfetten. Die Oliven entkernen. Käse, Tomaten und Oliven würfeln. Das Basilikum verlesen und waschen. Die Blätter abzupfen und kleinschneiden. Die Chilischote waschen, längs halbieren, entkernen und fein würfeln.

3. Den Backofen auf 220 °C vorheizen. Alle vorbereiteten Zutaten sowie 2 Eßlöffel Pinienkerne und die Zitronenschale miteinander vermischen. Das Ganze salzen, auf die Teigkreise verteilen und diese zu Taschen formen.

4. Ein Backblech kalt abspülen und die Teigtaschen darauf setzen. Die Eigelbe mit etwas Wasser verquirlen. Die Teigtaschen damit bestreichen, oben mit einer Gabel mehrmals einstechen und mit Rosmarin und Pinienkernen bestreuen. Die Taschen auf der mittleren Einschubleiste 15 bis 20 Minuten backen.

Schafskäsetaschen

würzig

- *Für ca. 16 Teigtaschen (à ca. 10 cm ø)*
- *Zubereitung: ca. 1 1/4 Std.*
- *ca. 560 kcal je Portion*
- *Dazu paßt Paprikasalat*

ZUTATEN

300 g TK-Blätterteig
200 g Feta
je 1/2 rote, grüne und gelbe Paprikaschote
10 schwarze Oliven
1 kleine, rote Chilischote
1 hartgekochtes Ei
1 EL Thymianblätter
2 EL Crème fraîche
Salz
2 Eigelb
1 EL Rosmarinnadeln

1. Den Teig antauen lassen, leicht überlappend nebeneinanderlegen und zwischen Frischhaltefolie dünn ausrollen. 16 Kreise mit 10 cm Durchmesser ausstechen.

2. Den Feta zerdrücken. Die Paprikaschoten erst halbieren, dann vierteln. Je 1 Paprikaviertel in 8 Streifen schneiden und beiseite legen. Die übrigen sehr fein würfeln und zum Käse geben. Die Oliven entkernen und grob hacken. Die Chilischote waschen und längs halbieren. Sie entkernen und sehr fein würfeln. Das Ei schälen und hacken. Alle vorbereiteten Zutaten sowie den Thymian zusammen mit der Crème fraîche mischen und mit etwas Salz abschmecken. Den Backofen auf 220 °C vorheizen.

3. Jeweils 1 Eßlöffel Käsemischung auf die Teigkreise geben und diese zu Taschen formen. Ein Backblech kalt abspülen, die Taschen darauflegen und oben mit einer Gabel mehrmals einstechen. Die Eigelbe mit etwas Wasser verrühren, die Taschen mit einem Teil davon bestreichen und mit Rosmarin bestreuen. Sie kreuzweise mit Paprikastreifen belegen, mit Eigelb bestreichen und auf der mittleren Einschubleiste in 15 bis 20 Minuten backen.

Gemüsekuchen

für Gäste

- *Für 4 Personen*
- *Zubereitung: ca. 1 Std. (plus ca. 1 Std. Gehzeit)*
- *ca. 780 kcal je Portion*

ZUTATEN

400 g Mehl (plus Mehl für die Arbeitsfläche)
30 g frische Hefe
1 EL Zucker
500 g Tomaten
2 Knoblauchzehen
400 g Zucchini
1 Stange Staudensellerie
400 g Brokkoli
2 EL Öl
Salz
500 g Blattspinat
4 EL Butter
schwarzer Pfeffer
abgeriebene Muskatnuß
300 g Mozzarella

1. Das Mehl in eine Schüssel sieben und eine Mulde hineindrücken. Die Hefe in die Mulde krümeln und den Zucker darüberstreuen. Hefe und Zucker zusammen mit 1/4 l lauwarmem Wasser verrühren. Das Ganze mit Mehl bestäuben, abdecken und mindestens 30 Minuten an einem warmen Ort gehen lassen.

2. Inzwischen die Tomaten über Kreuz einritzen, kurz überbrühen, abschrecken und enthäuten. Sie vierteln, von den Stielansätzen befreien und entkernen. Die Tomaten grob würfeln. Die Knoblauchzehen schälen und durch eine Knoblauchpresse drücken.

3. Die Zucchini putzen und waschen. Sie mit einem Sparschäler der Länge nach in dünne Streifen schneiden. Den Sellerie putzen, waschen und in dünne Scheiben schneiden. Den Brokkoli putzen, waschen und in Röschen zerteilen.

4. Das Öl und 1/2 Teelöffel Salz zum Vorteig geben und alles zu einem glatten Teig verarbeiten. Diesen zugedeckt 30 Minuten an einem warmen Ort gehen lassen.

5. Den Spinat verlesen und gründlich waschen. Ihn in kochendem Salzwasser kurz blanchieren und gut abtropfen lassen.

6. Den Backofen auf 200 °C vorheizen. 3 Eßlöffel Butter in einem Topf erhitzen. Die Zucchini zusammen mit Sellerie, Spinat, Brokkoli und Knoblauch in der heißen Butter andünsten. Mit Salz, Pfeffer und Muskatnuß würzen.

7. Den Teig auf einer bemehlten Arbeitsfläche kräftig durchkneten. 1 Backblech mit 1 Eßlöffel Butter einfetten und den Teig darauf zu einem Fladen ausrollen. Den Fladen mit dem Gemüse und den Tomatenwürfeln belegen. Den Mozzarella abtropfen lassen, in Scheiben schneiden und über die Gemüselage schichten. Den Gemüsekuchen auf der mittleren Einschubleiste in etwa 25 Minuten backen.

Partybrot mit 4 Käsesorten

ofenfrisch am besten

- *Für 4 Personen*
- *Zubereitung: ca. 1 Std. (plus ca. 30 Min. Gehzeit)*
- *ca. 1080 kcal je Portion*

ZUTATEN

1/4 l Milch
60 g Butter
500 g Mehl
1 Würfel Hefe (ca. 40 g)
1 EL Zucker, 1 EL Salz
125 g Deutscher Brie
200 g Deutscher Feta (45 % Fett i. Tr.)
150 g Schichtkäse
150 g geriebenen Allgäuer Emmentaler
1 Ei
2 EL Sonnenblumenkerne

1. Die Milch erwärmen, die Butter darin schmelzen lassen. Das Mehl in eine Schüssel sieben und in die Mitte eine Mulde drücken. Die lauwarme Butter-Milch-Mischung hineingießen, die Hefe darin auflösen und Zucker und Salz zugeben. Alles zu einem glatten Teig verkneten. Ihn zugedeckt an einem warmen Ort etwa 60 Minuten gehen lassen.

2. Den Brie zusammen mit Feta und Schichtkäse in einem Mixgerät zerkleinern. Den Emmentaler zusammen mit dem Ei dazugeben. Alles zu einer cremigen Masse verarbeiten und kaltstellen.

3. Den Teig nochmals kräftig kneten und zu einem etwa 40 x 40 cm großen Quadrat ausrollen. Die Käsemasse darauf verteilen und die Teigecken zur Mitte einschlagen. Das Brot mit Wasser bestreichen, mit den Sonnenblumenkernen bestreuen und die Kerne andrücken.

4. Ein Backblech mit Backpapier auslegen. Das Brot darauf setzen und auf der mittleren Einschubleiste in den kalten Backofen geben. Das Brot bei 180 °C etwa 60 Minuten backen und vor dem Servieren etwas abkühlen lassen.

(auf dem Foto)

Partybaguette

für Gäste

- *Für 4 Personen*
- *Zubereitung: ca. 30 Min.*
- *ca. 700 kcal je Portion*
- *Dazu paßt ein grüner Salat*

ZUTATEN

200 g frischer Blattspinat (ersatzweise TK-Ware)
Salz
weißer Pfeffer
2 Knoblauchzehen
2 EL Tomatenmark
2 EL Öl
1 TL getrockneter Oregano
200 g Mozzarella
1 dicke Scheibe gekochter Schinken (ca. 100 g)
1 großes Baguette (ca. 250 g)
1 kleine Gemüsezwiebel
je 1 kleine rote, grüne und gelbe Paprikaschote
60 g Butter
50 g Frühstücksspeck
Zucker
100 g Feta

1. Den Spinat verlesen und gründlich waschen. Ihn zusammen mit etwas Wasser in einen Topf geben und so lange dünsten, bis er zusammengefallen ist. Den Spinat salzen, pfeffern, aus dem Topf herausnehmen und in einem Sieb abtropfen lassen.

2. Den Knoblauch schälen und durch eine Presse drükken. Die Hälfte des Knoblauchs zusammen mit dem Tomatenmark und dem Öl verrühren. Das Ganze mit Oregano, Salz und Pfeffer würzen.

3. Den Mozzarella abtropfen lassen und ebenso wie den gekochten Schinken in kleine Würfel schneiden.

4. Das Baguette erst quer und dann längs halbieren. Die Tomatenmarkmischung auf den beiden unteren Vierteln des Baguettes verstreichen. Den Spinat darauf verteilen und das Ganze mit Schinken- und Mozzarellawürfeln bestreuen.

5. Für die oberen Brotviertel die Zwiebel schälen und grob würfeln. Die Paprikaschoten waschen, trockentupfen und halbieren. Sie vom Stielansatz befreien, entkernen und in Streifen schneiden.

6. Den Backofen auf 220 °C vorheizen. Den restlichen Knoblauch und 40 g Butter miteinander vermischen. Die Knoblauchbutter auf die oberen Brothälften streichen.

7. Den Frühstücksspeck in einer Pfanne auslassen und dann wieder herausnehmen.

8. Die Zwiebelwürfel und Paprikastreifen auf den oberen Brothälften verteilen. Den Feta darüberkrümeln und den Speck darauf legen. Alle Baguetteviertel auf einem Backblech auf der mittleren Einschubleiste etwa 5 Minuten überbacken, bis der Käse geschmolzen ist. Die Baguettes vor dem Servieren nochmals halbieren.

Rezeptverzeichnis

Im FALKEN Verlag sind viele attraktive Titel zum Thema „Essen und Trinken" erschienen. Sie erhalten sie überall dort, wo es Bücher gibt.

Dieses Buch wurde auf chlorfrei gebleichtem und säurefreiem Papier gedruckt.

ISBN 3 8068 1939 4

Umschlaggestaltung:
Rincon² Design & Produktion GmbH, Köln
Gestaltung: Horst Bachmann
Redaktion: Marlein Meyer
Umschlagfoto: Michael Brauner, Karlsruhe (Rezept „Überbackene Kalbsschnitzel" S. 65)
Fotos: Bauer Verlag, Hamburg: S. 8, 9, 12, 15, 17, 21, 26, 27, 29, 30, 31, 33, 35, 38, 45, 46, 47, 49, 55, 57, 59, 61, 63, 65, 71, 82, 83, 85, 87 und 93; **Deutscher Käse**: S. 69 und 91; **G. Fiedler PR**, Hamburg: S. 11 und 41; 3 **Glocken GmbH**, Weinheim: S. 37; **Hochland Patros**: S. 23, 39, 67 und 75 **Thomy**: S. 20; **Treffpunkt Küche**, Heilbronn: S. 43, 79 und 81; **Union Deutsche Lebensmittelwerke**, Hamburg (Flora Brotaufstriche): S. 19; **FALKEN Archiv**: **M. Brauner**: S. 50 und 58 / **W. Feiler**: S. 10, 28, 48, 52, 56, 60, und 70 / **R. Feuz**: S. 5 und 24 / **Grauel und Uphoff**: S. 13 und 73 / **R. Schmitz**: S. 3 und 72 / **TLC**: S. 6, 7, 16, 25, 36, 51, 66, 88, und 89 / **M. Wissing**: S. 17, 20, 34, 53, 64, 68 und 86 / **G. Wunsch**: S. 77

Produktion: Dr. Reitter & Partner GmbH, Vaterstetten
Satz: Dr. Reitter & Partner GmbH, Vaterstetten
Gesamtkonzeption: FALKEN Verlag, D-65527 Niedernhausen/Ts.

817 2635 4453 6271